中华复兴之光
神奇建筑之美

人间妈祖天宫

胡元斌 主编

汕头大学出版社

图书在版编目（CIP）数据

人间妈祖天宫 / 胡元斌主编. -- 汕头：汕头大学
出版社，2016.3（2023.8重印）
（神奇建筑之美）
ISBN 978-7-5658-2460-9

Ⅰ．①人… Ⅱ．①胡… Ⅲ．①寺庙－介绍－中国
Ⅳ．①K928.75

中国版本图书馆CIP数据核字(2016)第044192号

人间妈祖天宫　　　　　　　　　　RENJIAN MAZU TIANGONG

主　　编：胡元斌
责任编辑：宋倩倩
责任技编：黄东生
封面设计：大华文苑
出版发行：汕头大学出版社
　　　　　广东省汕头市大学路243号汕头大学校园内　邮政编码：515063
电　　话：0754-82904613
印　　刷：三河市嵩川印刷有限公司
开　　本：690mm×960mm 1/16
印　　张：8
字　　数：98千字
版　　次：2016年3月第1版
印　　次：2023年8月第4次印刷
定　　价：39.80元
ISBN 978-7-5658-2460-9

前 言

党的十八大报告指出："把生态文明建设放在突出地位，融入经济建设、政治建设、文化建设、社会建设各方面和全过程，努力建设美丽中国，实现中华民族永续发展。"

可见，美丽中国，是环境之美、时代之美、生活之美、社会之美、百姓之美的总和。生态文明与美丽中国紧密相连，建设美丽中国，其核心就是要按照生态文明要求，通过生态、经济、政治、文化以及社会建设，实现生态良好、经济繁荣、政治和谐以及人民幸福。

悠久的中华文明历史，从来就蕴含着深刻的发展智慧，其中一个重要特征就是强调人与自然的和谐统一，就是把我们人类看作自然世界的和谐组成部分。在新的时期，我们提出尊重自然、顺应自然、保护自然，这是对中华文明的大力弘扬，我们要用勤劳智慧的双手建设美丽中国，实现我们民族永续发展的中国梦想。

因此，美丽中国不仅表现在江山如此多娇方面，更表现在丰富的大美文化内涵方面。中华大地孕育了中华文化，中华文化是中华大地之魂，二者完美地结合，铸就了真正的美丽中国。中华文化源远流长，滚滚黄河、滔滔长江，是最直接的源头。这两大文化浪涛经过千百年冲刷洗礼和不断交流、融合以及沉淀，最终形成了求同存异、兼收并蓄的最辉煌最灿烂的中华文明。

五千年来，薪火相传，一脉相承，伟大的中华文化是世界上唯一绵延不绝而从没中断的古老文化，并始终充满了生机与活力，其根本的原因在于具有强大的包容性和广博性，并充分展现了顽强的生命力和神奇的文化奇观。中华文化的力量，已经深深熔铸到我们的生命力、创造力和凝聚力中，是我们民族的基因。中华民族的精神，也已深深植根于绵延数千年的优秀文化传统之中，是我们的根和魂。

　　中国文化博大精深，是中华各族人民五千年来创造、传承下来的物质文明和精神文明的总和，其内容包罗万象，浩若星汉，具有很强文化纵深，蕴含丰富宝藏。传承和弘扬优秀民族文化传统，保护民族文化遗产，建设更加优秀的新的中华文化，这是建设美丽中国的根本。

　　总之，要建设美丽的中国，实现中华文化伟大复兴，首先要站在传统文化前沿，薪火相传，一脉相承，宏扬和发展五千年来优秀的、光明的、先进的、科学的、文明的和自豪的文化，融合古今中外一切文化精华，构建具有中国特色的现代民族文化，向世界和未来展示中华民族的文化力量、文化价值与文化风采，让美丽中国更加辉煌出彩。

　　为此，在有关部门和专家指导下，我们收集整理了大量古今资料和最新研究成果，特别编撰了本套大型丛书。主要包括万里锦绣河山、悠久文明历史、独特地域风采、深厚建筑古蕴、名胜古迹奇观、珍贵物宝天华、博大精深汉语、千秋辉煌美术、绝美歌舞戏剧、淳朴民风习俗等，充分显示了美丽中国的中华民族厚重文化底蕴和强大民族凝聚力，具有极强系统性、广博性和规模性。

　　本套丛书唯美展现，美不胜收，语言通俗，图文并茂，形象直观，古风古雅，具有很强可读性、欣赏性和知识性，能够让广大读者全面感受到美丽中国丰富内涵的方方面面，能够增强民族自尊心和文化自豪感，并能很好继承和弘扬中华文化，创造未来中国特色的先进民族文化，引领中华民族走向伟大复兴，实现建设美丽中国的伟大梦想。

目 录

赤湾天后宫

天津天后宫

湄洲妈祖庙

　　湄洲妈祖庙，位于福建莆田的湄洲岛。湄洲祖庙是对湄洲妈祖庙的尊称。湄洲妈祖庙建于987年的宋代，供奉的是妈祖林默。

　　湄洲妈祖庙是妈祖林默升天的那年，人们为了纪念她而建，是最早的妈祖庙。因此，它又被称为全世界2000多座妈祖庙的祖庙，是全世界妈祖信众心中的圣地。

　　湄洲妈祖庙由正殿和偏殿等五组建筑群构成，有16座殿堂楼阁，99间斋舍客房，画梁雕栋，金碧辉煌，有"海上龙宫"之誉。

菩萨化身妈祖救海上遇难人

　　在宋朝时，福建有一家姓林的名门望族，这家男主人叫林愿，在宋初官任都巡检，他的父亲林孚曾经是福建的总管。

传说当时林愿的妻子王氏，在梦里见到了观音菩萨，观音菩萨给了她一个仙果，她吞食仙果后就怀孕了。

960年，就是宋太祖建隆元年的三月二十三，在王氏即将分娩的时候，福建莆田县城郭西南的壶公山峰的上空忽然射出一道霞光，好像千万闪电在壶公山的峰顶上闪烁，直向林愿的屋院中射来。

在当时，林愿正靠在院中的窗棂边坐着，忽见一道奇异的彩光，照亮了整个客厅，空气中充满了芬芳的异香。观音菩萨从彩光中出现了，林愿急忙跪在地上，连连对着那道彩光的方向开始膜拜。

观音菩萨慈祥地对林愿说："你即将出生的这个女儿比男孩还要尊贵，这是菩萨的好意，你一定要好好地把她养大，行菩萨之道。"

说完，观音菩萨便隐身而去，满室的祥光也随之消失了。林愿慢慢站起来，他思索着菩萨说的话到底是什么意思呢？

这时，稳婆跑来对林愿说："老爷！恭喜您，夫人生了个千金，又白又胖，可是她就是不哭啊！"

稳婆走近林愿的跟前继续说："这女孩一定是个贵命，刚生下来，她就睁开了眼睛，并且不像别的孩子一样哭闹，我打了几下，她还是不哭，她长大后一定是个有福之人！"

林愿听后，思索了一下，说："她生下来就不哭吗？那么就给她取名为默娘吧！"

默娘渐渐长大，非常聪明伶俐。8岁时家人就送她到私塾读书，老师教的文章她很快就能明白，并且能融会贯通。默娘还笃信神佛，她每日都焚香念经，早晚不懈。

在默娘13岁时候，有一位老道士名叫玄通，来她家做客，看到默娘的时候是眼前一亮，便对默娘说："你有仙根，这本《玄微秘法》你拿去修炼，可以渡入正果！"

默娘拿到经书之后便依法修炼。随着修炼时间加长，默娘渐渐有了预知能力，她能够预知天气的变换。

有一年秋天，正是捕鱼季节，渔民们都要出海捕鱼了。

默娘听说后，她闭目冥想了一下，又向外面正南方的山尖上看了看，她对父亲林愿说："父亲，今天有台风，不能出海捕鱼！"

默娘的父亲林愿当时担任维持海上治安的巡官，负责防御海盗和保护渔民的安全，所以当渔民们出海捕鱼时，林愿就会率领巡船护卫渔民。

林愿听默娘这样说，便走下台阶向渔民们恳切地说："今天要刮飓风，南山头上不是起了钩钩云吗！大家还是不要出海了，万一大家有了不幸，我怎么对得起你们呢？"

可是渔民们为生活所迫，无论如何不听劝告，一定要下海捕鱼，林愿只好点头答应。默娘再次劝告父亲说："父亲，今天一定有台风，你们去不得啊！"

林愿对女儿说："他们都要下海，我受国家的俸禄，职责所在，怎能不以性命保护他们呢？"

默娘知道父亲脾气，便不再劝解了。当林愿率领渔民们出发时，她便对渔民们说："倘若今天的天气有了变化，你们迷失了方向，请一定观看火光，哪里有火光，哪里就是岸边。"

渔民们都下海之后，不到半天台风就来了。狂暴的风雨袭击着整个莆田，天灰蒙蒙的。在海上的渔民被狂风吹袭着，怎么也看不到海岸。渔船被浪涛激荡着，被风雨吹打着，忽高忽低，好像跌入深渊似的失去了驾驶力。

渔民们狂喊了起来，他们呼救的声音和着狂风暴雨与浪涛传到了岸上。默娘听到人们的喊声，急忙从房中奔到院中，她对女仆们喊道："快把后房的柴垛点起来，他们一定迷失了方向！"

女仆说："姑娘，我们怎能烧自己的房子呢？"

默娘说："我们不烧自己的房子，谁烧自己的房子呢？我们要拯救数百迷失了方向的渔民啊！只有牺牲自己的房子，点燃房屋后，他们才知道往何处去呀！"

　　女仆还是不肯照着做，默娘只得自己动手。她跑到后院，用一堆干柴把火点起来了。火光在雨水浇灌下冒着浓烈的黑烟，在狂风中火苗摇摆着冲向了天际，火势狂烈，火声呼呼作响。

　　在狂风暴雨和黑暗中的渔民，幸而看到了火光，他们获得了一线生机，大家高喊着说："那边有火光，是默娘给我们点燃的，火光处就是岸边，我们向火光处驶，向火光处划！"

　　因为这火光，大家在苦难中获得了光明，重新充满了希望，于是就奋力划起船来。最终，大家回到了岸上，数百名渔民终于得救了。

　　大家都很感激默娘，也很惭愧当时没有听默娘的劝阻就强行出海了，渔民纷纷说以后一定要听默娘的劝阻了。

　　转眼间，默娘16岁了。有一天，默娘与一群女孩对着井水照影子，忽然，大家看到一位神人捧着一个道符从井中上来，后面还有仙班簇拥着。

女伴们都吓得跑开了，只有默娘没有离开。神人微笑着把道符授给了默娘。默娘得到道符后，不一会儿便领悟了其中奥秘，感觉有了无形的法力。

从此以后，默娘虽身在家中，却能时常神游万方和预测吉凶祸福了。后来，她能为人治病消灾，逐渐还能驾云飞渡大海和拯救海难，远近的人们都很感激她，称她为"神姑"或"龙女"。

有一年秋天，默娘的父亲和兄长驾舟渡海北上了。他们出发不多久，正在室中精心织布的默娘忽然变了脸色，她伏在织布机上闭起眼睛，又伸出双手紧紧抓住梭，用力地按住杼，两脚紧紧地踏着机轴，好像在拼尽全力地做什么。

默娘的母亲发觉后十分惊恐，急忙去推她，想要把她叫醒。这一推，默娘失手将梭掉在了地上。默娘睁开眼睛，顿足高声哭了起来，她喊道："父亲得救了，哥哥坠海死了！"

默娘的母亲听完十分惊慌，连忙差人打听消息。不一会儿便有消息回报，说默娘的父亲和兄弟出海没多久就遇上了飓风，她父亲的船在怒涛中仓皇失措，好几次都几乎翻船，但是好像有人稳住了船舵一般，慢慢靠近了她兄长所在的船，但当快要靠近的时候，默娘兄长的船就沉没了。

原来，妈祖闭着眼时，脚踏着的是她父亲的船，而手抓的是她兄长的船舵。母亲把默娘叫醒，梭子掉在了地上，默娘兄长的船就倾覆了。父亲脱险返航，而她的兄长却被汹涌的浪涛吞没了。

到了默娘21岁那年，莆田地区大旱，河流干涸，田地龟裂，连饮水也有困难，人们困苦万分。当时的默娘，已是无人不晓的能呼风唤雨的神女了，人们都说，只有神女才能化解这场灾害啊！

莆田县令无计可施，为解全县旱灾，遂向默娘求救。县令不惜屈尊，冒着烈火骄阳，亲自登门，诚恳谦恭，请默娘为全县百姓祈雨。

默娘欣然应允了，就设坛祈雨。祈雨结束后，默娘告诉县令说三日后将会普降喜雨。日子一天天过去了，眼看着到了默娘所说的日子，却依然烈日如火。

就在大家怀疑默娘法力的时候，突然雷声隆隆，电光闪闪。紧接着，暴雨如倾，旱情骤解，天降甘霖，万民欢呼，都称默娘是"通灵神女"。

后来，默娘28岁的时候，在一场海难中牺牲了。但是，在民间传说中，说默娘并不是去世了，而是飞升成仙了。

传说那是在九月初九重阳节的前一天，默娘对家中人说："我心好清净，不愿居于凡尘世界。明天是重阳节，我想去爬山登高，预先和你们告别了啊！"

大家都以为默娘要登高远眺，不知她将飞升成仙。第二天早上，默娘焚香念经后，她对姐姐们说："今天我要登山远游，实现我的心愿，但道路难走而且遥远，你们不必和我同行。"

默娘告别姐姐们，直上山峰的最高处。传说她到了山顶，忽见山顶浓云四合，一道白气冲上天空。人们仿佛听见天空有丝竹管弦奏起的仙乐声响彻云天，只见默娘乘着长风、驾着祥云，翱翔于苍天皎日间，若隐若现。

忽然，彩云将默娘围了起来，她就不见了。家人们这才知道，默娘飞升成仙了。默娘升天后，人们为了纪念她，就在湄洲岛建庙祭祀她，这庙宇就是最早的妈祖庙。

据有关文献记载，当时的妈祖庙仅仅是一个用几根椽木搭建的小庙。但是，来妈祖庙烧香祭祀和祈求出海平安的人依然很多。

默娘升天后，关于她的传说从未间断过，相传每次出海的渔民遇到海难，都会看到默娘显现帮助他们，因此，人们十分感激默娘，都前来祭祀她。

知识点滴

又有传说，妈祖原是观音菩萨身边的一个龙女。她看见东海四处都有海妖兴风作浪，渔民们深受其害，便祈求观世音让她下凡为民除害。

观音菩萨见龙女有这样的慈善之心，就点头答应了，只说了一句："二八为期，去吧！"于是龙女便下凡投胎在湄洲林家了。

在古代，二八就是十六的意思。在默娘16岁时，她想起观音菩萨给她的期限已到，她便十分苦恼，因为她还有很多事情没做。后来一位道士对她说："二八为期，可做二解，一解为十六，二解即把二八拆开来念，不就是二十八吗？"

默娘听了便安心地留了下来，继续为乡亲们除恶驱邪，直到她28岁才告别亲人，并羽化升天了。

妈祖显灵而使祖庙昌盛

　　湄洲妈祖庙建成后，据说妈祖经常显灵，乡亲们时常能看到妈祖站立在山岩水洞之旁，盘坐于彩云雾霭之间。还传说，每当人们遇到困难的时候只要喊："妈祖保佑！"妈祖就会闻声而至，使人们逢凶化吉、遇难呈祥。

后来，妈祖庙又经过了多次扩建和修葺，到了1030年左右，祖庙已经具有了一定规模，由正殿、寝殿等组成，到妈祖庙朝拜的人络绎不绝。

到了1123年的宋代，妈祖信仰由民间传到了朝廷，这是因为当时给事中路允迪奉旨出使高丽，在吊唁高丽国王的途中，他们的船队得到了妈祖显灵庇佑。

当时路允迪的船队在航行途中遇到飓风，他们8艘船转眼间沉没了7艘，只剩下路允迪所乘的那一艘，并且这艘船也危在旦夕。路允迪船的桅杆上红光四射，刹那间，仿佛有一把大伞挡住了狂涛巨浪。

红光过后，风浪顿息，船员们转危为安。路允迪向部下打听是何方神灵救助，当时船上的一名船员是莆田人，名李振。他告知路允迪这个是湄洲神女妈祖。路允迪回朝复命时，便将途中的奇遇上奏给了宋徽宗。

徽宗皇帝当即下诏赐妈祖庙"顺济"庙额，封妈祖为"顺济夫人"。殿内祀四海龙王，中间置"妈祖巡海图"巨型插屏。这是妈祖显灵事迹第一次由民间传到朝廷，并且得到朝廷的确认和褒封。

到了元代，湄洲妈祖祖庙得到进一步的扩建。在元代诗人洪希文的《题圣墩妃宫》诗中就有对当时湄洲妈祖庙盛况的描写。诗道：

我昔缆舟谒江干，曾觐帝子琼华颜。

云涛激射雷电泏，殿阁峥兀鱼龙间。

此洲山岛谁所构，面势轩豁规层澜。

壶山崎秀倒影入，乾坤摆脱呈倪端。

粉墙丹柱辉掩映，华表耸突过飞峦。

湘君小水幻灵骨，虞帝迹远何由攀。

银楼玉阁足官府，忠孝许人巫咸班。

帝怜退陬杂鲸鳄，柄受水府司人寰。

五云殿邃严侍卫，仙衣法驾朝天关。

危樯出火海浪破，神鬼役使忘险艰。

灵旗猋挙广乐振，长风万里翔虬鸾。

平洲远屿天所划，古庙不独夸黄湾。

至人何心恋桑梓，如水在地行曲盘。

升阶再拜荐脯藻，不以菲薄羞儒酸。

日谈书史得少瑕，石桥潜渡凭雕栏。

诗成不觉肝胆醒，松桧荟桧鸣玦环。

骑鲸散发出长啸，追逐缥缈乘风还。

其中的"粉墙丹柱辉掩映，华表耸突过飞峦"，讲的就是当时湄洲妈祖庙的盛况。

到了明代，妈祖显灵的事迹也不曾间断。当时，我国北方的粮食使用依然在极大程度上依赖南方，所以漕运仍是朝廷的重要工作。

有一年春天，漕运官船满载粮食出发了。刚出发时水碧天晴，粮官们凭栏酣酒非常畅快。可天气说变就变。突然间天就阴沉了下来，紧接着狂风暴雨席卷而来，船队在暴风雨中迷失了方向。

由于漕运所动用船队非常庞大，几乎每次船只都有上百艘，随行人员过万人，若出了意外，损失便十分惨重。

传说在这危急的关头，全体官兵想起了经常救助海难的妈祖，于是都狂呼："妈祖救我！"

就在这时候，祥云瑞气充满了天空，一个红衣女子在祥云中显现，紧接着风平便浪息了。漕船得到了平安，众官兵都说是妈祖显灵了，朝天跪拜。

后来，漕运的官员抵达朝廷后，将这件事启奏给了皇帝，明太祖听后下旨封妈祖为"昭孝纯正孚济感应圣妃"。

在明代的时候，妈祖曾多次显灵，并且湄洲祖庙在这一时期也得到了扩建。在1374年，泉州街指挥周坐主持重建了寝殿，又建山门、钟鼓楼和香亭。

"山门"是湄洲祖庙建筑的第一道门。山门呈皇城阙状，这是因为妈祖被民间尊为天上圣母，是至高无上的女神。山门的建筑风格是歇山顶式的城楼，顶上的垛口像长城，最顶部有两条跃跃欲飞的龙。

在我国古代，皇帝是真龙天子。狮子是我国的吉祥物，山门两旁的石狮，这一组"龙腾狮跃"，更是增添了几分喜庆气氛。

钟鼓楼是所有妈祖庙的必配建筑，东西对峙。平时，晨钟暮鼓，昭示风调雨顺，物阜民丰。而每逢节庆祭祀活动，以鸣鼓三通开始，以敲钟表示礼终。每当那个时候，钟鼓和鸣，声震海陬，庄严肃穆，蔚为壮观。

在郑和下西洋时，因妈祖庇佑有功，奉旨遣官修整祠庙。在1441年，郑和最后一次下西洋之前，亲自与地方官员备办木石，再次修整祖庙。

传说郑和下西洋时曾亲眼看到妈祖显灵。郑和第一次下西洋是前往暹罗等国。船队云帆高悬，浩浩荡荡。当船至广州大星洋时，突然大风骤起，洪涛如山，上下颠簸，船之将覆。

在这紧急关头，船员请求郑和向天妃妈祖祈祷，郑和祷告说："郑和奉命出使外邦，忽遭风涛危险，身固不足惜，恐无以报天子，军士生命，系于一发，望神妃救之。"

据说郑和祷毕，忽闻鼓笛之声，一阵香风，宛见天妃飒飒飘来，立于云端，旋即风平浪静，转危为安。后来郑和的船队在经过三佛斋时，又遇海寇，也得天妃神助，剿灭海寇。

郑和回国后，立即奏明皇帝，于是，朝廷封妈祖为"护国庇民妙灵昭应弘仁普济天妃"。

湄洲祖庙经过历朝历代的重修重建，更加金碧辉煌、巍峨耸立。在湄洲祖庙正殿的神龛内外各供奉一尊妈祖，这是因为湄洲祖庙是世界上所有妈祖分灵庙的祖庙，很多分灵庙都要从祖庙分灵妈祖神像，而神龛外的这尊妈祖就是要先供奉过一段时间的香火，然后由分灵庙虔诚请回去奉祀的妈祖神像。

神龛两旁是妈祖光明灯，信众们可以把名字与心愿写进灯里，祈求妈祖保佑合家平安，心想事成。妈祖精神的真谛就是慈爱为怀和普济苍生，所以人们相信妈祖一定会保佑他们。

寝殿也就是祖庙天后宫，是世界妈祖信众心目中最神圣的殿堂。进寝殿之前的石柱上面有一副奇特的对联，是明代莆田的大才子戴大宾所作。联道：

齐斋齐斋齐齐斋齐齐齐斋戒；
朝潮朝潮朝朝潮朝朝潮音。

上联的意思是朝拜妈祖的同时，也要学习妈祖慈爱博大、乐于助人的精神，一起"戒"掉不良的行为及私心杂念。下联所蕴含的意思是在学习妈祖精神上，也要像连绵不断的海水一样，每天潮起潮落，持之以恒。

寝殿内左右两边都绘有壁画。右边的壁画记述的是明代著名航海家郑和下西洋的故事。

郑和于1405年至1433年七下西洋，每艘船上都供有妈祖香火，并且他每次下西洋之前，都要到妈祖庙上香，祈求妈祖保佑。

左边壁画所记述的是清朝施琅将军收复台湾的故事。在施琅将军率领收复台湾的军队来到莆田的时候遇到了干旱，后来施琅向妈祖祈求，希望得到妈祖的庇佑，找到水源，收复台湾。

后来施琅便从枯井里挖到了水源，解决了大军的用水难题，最终顺利收复了台湾。

寝殿神龛正中奉祀的是"妈祖金身"。在妈祖金身的两边各有一尊执扇的侍女塑像，她们分别是掌管香花和侍候妈祖的玉女，叫司花和司香。

在殿堂的两边还塑有"五风十雨"塑像，也就是掌管风雨的神灵。还有"左右相"，就是掌管文武大事的官员。

两边廊庑供奉的则是"五湖""四海"和"九河"共18员

部将，就是所谓的"水阙仙班"神像。站立门旁的神像是为妈祖服务的，而神座上跪着的小神像是妈祖生前收服的高里鬼。

相传妈祖在世时，有一个叫高里的地方出了一个妖怪，当地百姓深受其害。于是百姓们前去求妈祖医治，妈祖给求治者一符咒，叮嘱百姓回去后，将符咒贴于病人床头上。

妖怪知符咒法力巨大，提前变成一只鸟逃跑了。妈祖心道："怪物不能留此为患乡里。"于是去追寻它。到了一棵树下，看到树上有一只小鸟，鸟嘴还喷出一团黑气。妈祖看出这便是那妖怪，用符水喷洒小鸟，小鸟落地变成一撮枯发，妈祖又用火烧枯发，小鬼才现出原相，叩头请妈祖手下留情。于是妈祖将它收在了台下服役。

寝殿里悬挂的匾额"神昭海表"，是清代雍正皇帝在1726年御笔亲书的。

知识点滴

妈祖金身又称"巡天妈祖"，1997年在巡游台湾100天，巡游了19个县市，驻跸35个宫庙，行程万里，掀起了两岸民间信仰交流的最高潮。

妈祖金身在台湾每巡游一处，当地便万人空巷。人们称湄洲妈祖巡台是"千年走一回"，是"世纪之旅"。

湄洲妈祖庙作为祖庙，每天来朝拜的香客非常多。为了香客们在妈祖金身出巡时也能朝拜，所以在妈祖金身背后，还供奉着一尊镇殿妈祖。

重建后的祖庙如海上龙宫

　　1683年，清朝闽浙总督姚启圣奉旨赴台湾颁布第一道朝廷诏书，但是因为风不顺，他估计无法按时到达台湾，这样就是欺君大罪了啊！烦恼的姚启圣亲自来到妈祖庙祈祷，希望妈祖能够帮助他顺利到达台湾。

姚启圣

果然，姚启圣起航之后非常顺利，按时到达了台湾。

姚启圣还朝复命后，为了答谢妈祖，就重修了妈祖庙，并把重修后的朝天阁改名为正殿。

自从姚启圣重建湄洲妈祖庙以后，便屡建奇功，后来便晋升为太子太保和兵部尚书，人称"太子公"。所以，后来人们又将姚启圣重修正殿称为"太子殿"。妈祖庙重修完成后，还剩下许多杉木和石料，于是姚启圣又在山门旁盖了一座庙宇，但一时又不知道这庙宇该叫什么名字。

姚启圣想，妈祖贵为天后，虽然手下有"千里眼"和"顺风耳"两将军，但还少个手下总指挥。这座新盖的庙就叫中军庙吧！可是这位中军的像该怎么塑呢？

姚启圣一时想不出，便先回去了，临走时向妈祖祷告道："殿已盖好，少个中军，妈祖有灵，请自选。"

没想到姚启圣回家后不久便病死了。这时中军殿的塑像刚好完成，于是庙主便请姚夫人到殿祭祀。姚夫人来到祖庙烧香祭祀以后，就来到中军殿。她对着塑像，想起当时跟丈夫一起来许愿的事，一下子眼泪止不住地流。在场的随从看到这情景，也流下了眼泪。

忽然，有个人抬起头，看到泥雕像也是满脸泪痕。大家都非常吃惊。这时，有个随从昏倒了，口里喃喃地说道："我就是姚启圣，因为去年在妈祖面前说过中军殿里无中军，所以被妈祖请来镇殿了。今天见夫人哭得伤心，所以不由得也流泪了。"原来是姚启圣的魂魄在随从身上附体了。

姚夫人听后"啊"的一声大叫，立即扑向塑像，想要自尽，想跟随夫君而去。塑像赶忙往后退了一步，塑像的脸也变成了红色，而且看上去是满脸愁容。

事隔不久，有人重新塑了中军塑像，当时脸上没有加色，但过了一夜后，塑像的脸就变成红色了，而且也是带点忧愁。

这事传开后，人们推想这个中军就是姚启圣的神像。于是，人们便在殿中右边门前塑了一匹姚启圣生前最喜爱的白马，让他来骑，以便他处理事务。后来，在明末清初时候，靖海侯施琅又增建了梳妆楼、朝天阁和观音殿等建筑。

施琅重建朝天阁位于正殿后面山坡上，是一座三层八角形、宝塔顶的楼阁式建筑，它的建筑结构奇特、严谨，显得十分华美。阁内神龛上供奉着妈祖神像。妈祖神像均为黑面，人们称她为"黑脸妈祖"。

这些黑脸妈祖像，是1683年台湾鹿港天后宫从湄洲祖庙分灵过去的。由于台湾信众非常虔诚，香火不断，时间久了，妈祖的脸就渐渐熏黑了。

梳妆楼位于寝殿的下侧，此楼是两层的单檐迴廊式建筑，楼内供奉着妈祖像。这个梳妆楼表示了妈祖将一生奉献给大海的坚定意志。

相传妈祖18岁时，父母开始为她的婚事操心，但是她却矢志不嫁。她只想把自己所有的精力都花在帮助乡亲和拯救海难上。

于是，妈祖便给自己精心设计了一个像船一样的发型，表示已把身心都许给了大海。

妈祖升天后，岛上的乡亲们为了纪念她，凡女孩子出嫁，都会梳这样的发型。

头顶发型呈船帆状，发髻代表船帆，两侧的银卡子代表船桨，中间的红头绳代表缆绳，头顶上的簪子代表锚，这样的发型代表着大家一个共同的愿望，就是家人出海时，一路平安、一帆风顺。

新娘的服装也特别有文化内涵。蓝色上衣表示深深的大海，红黑相间的裤子，红色比为吉祥，黑色喻为思念。当丈夫出海时，妻子在家里这样穿着，表示对丈夫的忠贞、思念和祝福。

据说观音殿的建造是因为在老百姓心里，妈祖的出生是观音菩萨赐予的礼物，而且妈祖的慈悲济世精神，与观音一脉相承，所以清代以前的妈祖庙建筑群中总有观音殿作为主要配殿。

观音殿中奉祀观音菩萨，供广大妈祖信众及求子心切的天下父母顶礼膜拜。

到了1735年，乾隆登基的时候，湄洲妈祖祖庙已颇具规模了，成为了一座有99间斋房，号称"海上龙宫"的雄伟建筑群。

湄洲妈祖祖庙一度遭到破坏，只剩下圣父母祠和中军殿，妈祖庙的文物也相继被毁和遗失，唯有妈祖神像存留了下来。经过几年努力，湄洲妈祖庙在原址上被稍加改动，建立了起来。

重建的妈祖庙坐东北，面西南，呈轴线分布，有牌坊、长廊、山门、香炉台、圣旨门、广场、钟鼓楼、正殿、寝殿、朝天阁、升天楼等，还有佛殿、观音殿、五帝庙、中军殿以及爱乡亭、龙凤亭、香客山庄和思乡山庄等一系列建筑物，形成规模庞大、雄伟壮观、楼亭交错，殿阁纵横的祖庙建筑群。

从山门至升天楼、从升天楼至妈祖石像的石级分别是323级和99

级，象征着妈祖诞辰日农历三月二十三和升天日是九月初九。

大牌坊是进入妈祖庙建筑群的第一道关口。它是"三开重檐"形式构成，气势不凡，并且由我国书法大师林加国题写庙名"湄洲妈祖祖庙"。

两旁长廊，雕梁画栋，依山逶迤，与大牌坊连成一体，沿轴线递叠而上的建筑群，错落有致，布局精巧。驻足坊前，可以将祖庙的风采一览无余。

仪门也称"圣旨门"。凌空而建、巍峨壮观，正中悬挂"圣旨"竖匾，象征妈祖曾受历代帝王褒封。

在当时，朝廷对妈祖的封赐皆用圣旨传送，这里就是颁发圣旨的地方，所以此门又名"圣旨门"。由于它的威严与神圣，所以当时凡经此门的文官下轿，武官下马。在仪门的主柱上面有两副对联，一副是：

商旅平安闽台和衷共济；

春秋报赛群众朝圣联欢。

还有一副是：

历代褒封崇懿德；
寰球利涉赖慈航。

这两副对联概括了妈祖受历代褒封及商旅群众前来朝圣答谢妈祖的盛况。

朝廷的累累封赐，最终确立了妈祖作为唯一海神的至高无上的地位，也使妈祖这一民间信仰的传播日渐扩大，几乎遍及全国。同时，她的名字又伴随着漂洋过海的华侨、海员和外交使节，传遍了天下。

在圣旨门的前面是圣旨门广场，宽66米，深66米，暗喻"六六大顺"之意。据说，每次朝廷为妈祖封赏而下达的圣旨，都是在圣旨门宣读的。

并且自从宋徽宗皇帝下诏赐妈祖庙"顺济"匾额，封妈祖为"顺济夫人"后。直到清代，朝廷先后36次为妈祖叠奖褒封。封号从"夫人""妃""天妃""天后"直至"天上圣母"，殊荣臻隆，无以复加。其中宋代14次、元代5次、明代2次、清代15次。

知识点滴

南轴线建筑群中的美好夙愿

　　妈祖庙重建完成之后，为了满足广大妈祖信众的朝拜需要，应海内外妈祖信众的要求，后来又设计建筑了湄洲妈祖祖庙南轴线工程，就是祖庙新殿。

祖庙新殿整体建筑群沿轴线对称布局，呈南起向，故又称"南轴线建筑群"。它的整个工程硕大无比，占地50000多平方米，从妈祖石雕像至大戏楼，总长400多米，最宽处100多米，上下落差达60多米。

　　祖庙新殿建筑群是一座五进庙宇式仿宋的建筑群，主要有大牌坊、宫门、钟鼓楼、顺济殿、天后殿和灵慈殿。其配套建筑有东西廊庑、祈福殿、妈祖文化展览馆、天后广场、观礼台和大戏楼等，气势恢宏，庄严肃穆，举世无双。

　　大牌坊是进入祖庙新殿的第一通道，为五开三檐建筑，高20多米，宽35米左右，凌空飞檐，磅礴壮丽，为我国少有的雄伟牌坊之一，上面书题"湄洲圣境"4个大字，笔法苍劲有力。

　　牌坊与天后广场相连，坊前平台为祖庙大型祭典之祭坛。天后广场长120米，宽88米，面积10000平方米，两旁是观礼台各长129米，各有13级磴座，能容万人观看，是祖庙大型祭典和举行盛大活动的场所。

大牌坊之后便是新殿的第一门宫门。早在1409年明朝的时候，天妃庙就升格为宫了，皇帝御书赐额为"弘仁普济天妃之宫"，宫门的门额就是由此摹勒而来的。

在宫门的门厅内祭祀着千里眼和顺风耳两位神将。在我国古代，航海技术还不发达，航海人很难预测海上多变的恶劣气候，出海的时候经常遭遇飓风的袭击。

于是人们就希望有一种神灵，能够在千里之外就可以看见、听见海上的情况，提前告诉人们海上的情况，保佑人们出海平安，因此便有了千里眼和顺风耳这两尊神。

但是据《封神演义》及民间传说，这两位神将原本是殷纣时期的高明和高觉两兄弟，他们自封为金王和柳王。后来他们被姜子牙打败后就化为了妖魔，在湄洲西北方向作祟，后被妈祖收服为帐下二将。

1869年，清代的总理船政大臣沈葆桢题奏，赐封二神将为金将军、柳将军。

对于这两尊神将，还有另外一个传说。传说当时湄洲屿西北方有两个水怪，一个叫聪，听力好，号称顺风耳。一个叫明，视力好，号称千里眼。他们两个经常出没作祟，村民甚受其苦，祈求妈祖惩治。

于是妈祖混杂在妇女当中上山务农，经过十余日，妈祖与他们相遇了。他们误以为妈祖是普通女子，悄悄地靠近妈祖。妈祖将手中的丝帕一拂，顿时狂风卷地，只见到两妖怪拿着斧子看着妈祖。妈祖说："敢掷下你们手中的斧么？"

他们听了不以为然地丢下了斧子，但丢下后发现再也拿不起来斧子了，非常吃惊，就逃跑了。

两年后，他们又出来作祟。这次是在水上出现，它们乘风踏浪、翻云覆雨，弄得渔民苦不堪言。

妈祖说："江河湖海都有其自然规律，渔民们顺应自然依靠江河休养生息，你们不可造次。"

妈祖念起咒语，顿时林木震荡，飞沙走石，他们无处躲闪，拜伏在地，表示愿意归顺妈祖，为她效力。于是妈祖将他们收为麾下二将，作为耳目为拯救海难、驱恶扬善效力。

在"千里眼"旁边的是凉伞将军，是妈祖巡游时为妈祖挡风遮雨的守护神。因为妈祖作为海神经常要四处巡游，了解海上的状况。

在海面上免不了风吹雨打太阳晒，爱美之心人皆有之，何况是妈祖这位美丽女海神呢，于是便有了这个凉伞将军来替妈祖遮风挡雨。

在"顺风耳"旁边，手牵白马的则是马将军，人们又称他为"飞天信使"，他是专为妈祖传递最新消息的神将。

出宫门之后，往上登石磴，就到了东西对峙的钟鼓楼。楼内悬有两吨多重的祈福巨钟及直径将近两米的祈安大鼓。平日里，晨钟暮鼓，昭示风调雨顺、物阜民丰。而每逢盛大节庆，都会钟鼓齐鸣，响声震天，天地同欢，神人共庆。

顺济殿是本宫的前殿。在1123年的宋代，路允迪出使高丽的途中遇到飓风，得到了妈祖的救助，后来宋徽宗得知后赐予了"顺济"庙额，所以顺济殿就摹勒了宋徽宗御书的"顺济"两字为本殿的额名。

在顺济殿内供奉着四海龙王。早在唐代，唐玄宗敕封四海之神，俗传即四海龙王。宋代以后，妈祖被奉为最高海神，四海龙王则作为其配祀的神灵被供奉在这里。

在大殿的中间是"妈祖巡海图"的巨型插屏，屏的背面记载了历代皇帝对妈祖的35次敕封。

天后殿是南轴线主要建筑物，高19米，宽50米，进深30米，面积986平方米，可供千人同时朝拜，规模雄伟，气势磅礴。

天后殿题额道"敕封天后宫"，这个是清代康熙晋封妈祖为"天后"之后统一的名称。殿内主祀敕封天后的金身，陪祀顺懿夫人，即陈靖姑，又称临水夫人，还有惠烈夫人，就是钱四娘。

另在两边配祀的是8位有功于国家与民族，且还有对弘扬妈祖精神有独特建树的历史人物，有路允迪、郑和、姚启圣和施琅等。

据清代学者赵翼著的《陔余丛考》，道：

　　　倘遇风浪危急，呼妈祖则神披发而来，其效立应，若呼天妃，则神必冠帔而至。

所以，后来人们看到有些地方妈祖神像是红衣披发便装模样。

灵慈殿是本宫之后殿，额名"灵慈"。这个额名是在元代由元文宗所赐，后来用以彰显妈祖慈悲济世的高尚品格。在灵慈殿内主祀的是便装湄洲妈祖。

妈祖新庙主建筑非常的壮丽华美，其配套建筑祈福殿、妈祖文化展览馆、天后广场、观礼台和大戏楼等也蕴含着深厚的妈祖文化。

祈福殿殿内供奉着1000多尊祈福妈祖，尊尊显圣，像前有999盏祈福神灯，长明不熄，寓意是妈祖于"九月九"在湄洲升天，多了一个"九"是象征妈祖仙逝之后，精魂不泯，圣光永放。

妈祖文化展览馆全馆分为《两岸妈祖情缘》和《妈祖信仰》两大部分。

《两岸妈祖情缘》主要记录了以台湾同胞为主体的海内外妈祖信众掀起的全球性的"妈祖热"，充分展示了作为中华民族"真善美"象征的妈祖凝聚力和亲和力。

《妈祖信仰》通过对妈祖史迹、妈祖文物及民俗风情等的介绍，揭示了妈祖信仰的源流及文化内涵。

妈祖文化园占地几十万平方米，大海环抱，怪石嶙峋，满目青山，胜景迭出，它具有浓重的妈祖文化内涵，主要由妈祖石雕像，妈祖故事群雕和妈祖碑林等组成。

石雕巨像是为纪念妈祖羽化升天而建的，当时另建了一尊模样完全相同的石雕石像屹立在台湾北港朝天宫，两岸妈祖石雕像头顶冕旒，身披霞帔，端庄慈祥，遥遥相望，共同维护台湾海峡的和平与安宁。

这里的石雕石像高近15米，象征着妈祖诞生的湄洲岛，共由365块花岗石雕成，寓意妈祖一年365天都在保佑人们平安吉祥。

妈祖故事群雕是根据妈祖的故事，用优质的石料精雕而成的，共有30组216尊。造型生动活泼，人物栩栩如生。

其中有妈祖生前涉波履险，扶危困济的故事，和仙后精魂不泯，神庥人间的显灵事迹。一组组群雕，透视着厚重的文化底蕴。

寝殿左侧山崖上有"观澜"2字石刻，是明代南日寨中军秦邦锜的摩崖题刻，在"观澜"字右下角他的《丁巳仲春登湄洲山谒天妃圣宫》，笔力苍健，气势恢宏，虽经几百年的风雨剥蚀，但仍清晰如初。

驻足石上，可观波澜起伏，浪涛拍岸，而那阵阵铿锵的"湄屿潮音"，宛如悠扬酣畅的历史回声，令人发古幽思、回味无穷。

妈祖碑林坐落于妈祖文化园的东边山坡上，占地24000多平方米。妈祖碑林是由碑坊、碑廊、碑亭和碑石四大部分组成，依山傍海，秀甲一方。

其主体部分碑石有主碑一通，碑高3米多，长9.9米，寓意妈祖诞辰及升天日，两边为龙柱，顶部也横卧两条飞龙，以体现碑林的非凡气魄。碑文是清代庄俊元的五言绝句：

> 宋代坤灵播，湄洲圣迹彰。
> 至今沧海上，无处不馨香。

这首诗是对于妈祖文化始于宋代，源于湄洲，并从湄洲走向世界最生动、最精辟的概括。

辅碑有99通，造型各异，分传统、天然和艺术创意三类，碑文除帝王御书外，大多出自历代文人墨客歌颂妈祖丰功峻德之诗词或联句。这些碑文涵盖了真、草、隶、魏和篆等字体，气势如虹、超凡入圣，其艺术造诣和文化品位，堪称华夏碑林一绝，是妈祖文化与书法艺术的珠联璧合。

妈祖碑林为享誉五洲四海的湄洲妈祖祖庙增添了一道亮丽的文化风景，自然与人文相得益彰，构成和谐美妙、具有浓厚妈祖文化色彩的独特园林景观，是颂扬妈祖精神的一座伟大的历史丰碑。祖庙新殿整体金碧辉煌、宏伟壮观，被誉为"海上布达拉宫"。

驻足广场，仰望凌空的牌楼、巍峨的殿阁，飞檐流丹，美轮美奂，给人一种人间天庭的气势。

妈祖生前扶危助困，济世救人，深受人们爱戴。升天后又流传许多传说，经过不断的演绎发展，终于形成了反映人类追求"真、善、美"的妈祖信仰。

妈祖虽然原本只是一个平凡的女性，但正是她以有血有肉的身躯，诠释了为人处世的尽善尽美。尽管她的生命是那样短促，又悄然隐逝，可她那充满爱心的纯真之魂，却化作亘古不灭的璀璨灵光，逾越泱泱海波，遍照迢迢异国，五洲同惠，四海共泽。

知识点滴

在天后殿殿前是著名的 "妈祖印"。"妈祖印"是清代御赐的宝玺，上面写着"湄洲祖庙天上圣母，护国庇民灵宝符笈"，是祖庙的"镇庙"之宝。妈祖博爱，不囿疆域，不分族群，不限政见。

为了展示这一珍贵文物的神圣和大气，把其摹勒于天后殿前的天然石头上，比原物放大350多倍。它以其内涵的至高无上和外观的硕大无比而称之"天下第一印"。

饱含特色的妈祖祭祀文化

　　妈祖的祭祀活动有着独特的方式与内容，但对于每个供奉妈祖的妈祖庙来说，它们的祭祀方式和信仰活动都大致相同。

　　在每年农历三月二十三妈祖诞辰的时候，便会在祖庙举行纪念活动。妈祖诞辰的庆典活动非常隆重，从三月初五开始到二十三结束，它的规模甚至超过了春节。

从三月二十二的晚间开始，虔诚的信徒便会聚集到妈祖山上等待午夜吉时的到来。在三月二十二的晚上，湄洲祖庙还有一个独特的风俗，那就是为妈祖梳妆。祖庙董事会的老阿婆们会在当晚聚集在梳妆楼，为妈祖梳妆。

梳妆楼里所供奉的是不戴冕旒的妈祖神像，阿婆们要为她梳妆打扮。明天是妈祖生日，老阿婆的心情比女儿出嫁还要激动万分，喜盈盈地忙着为妈祖梳妆，给她戴簪和插钗，擦拭脸上的香灰，还会给妈祖换上一身新袍。

午夜吉时到来后，会先鸣放铳炮，然后开始做醮，奏鼓吹八乐并且演戏。这时，围在寝殿香炉前的人们会争先恐后地把手中的清香插进香炉，都希望能抢到头香，获得妈祖更多的庇佑。

在寝殿内，在如同白昼一般的灯光照射下，端坐的妈祖更显慈祥亲切。长长的供桌上摆满了信众奉献的各式各样贡品。贡品的种类繁多，但大致分可为五牲、五汤和什锦。

五牲就是指全猪、全羊、鸡、鹅和海味。五汤，就是用桂元干、茨实、莲子、红枣和柿饼五种果实做成的面汤点。

而什锦，则是用染了颜色的白豆排出10种花样或文字，分别放在10个小碗内。属于干品。除此以外，还有烧金和表礼等。

当夜，祖庙内是一个不眠之夜，前来跪拜的信众非常多。爆竹声不断，十音八乐此起彼伏，舞龙舞狮翻飞腾跃，非常热闹。而戏台上正演出曲调高亢的莆仙戏，好戏连台一直演到天亮。

在妈祖诞辰当天的上午，还会在祖庙举行祖庙祭典，气势磅礴、恢宏壮观。这也是妈祖诞辰祭祀活动的最高潮。

妈祖是海神，大海是妈祖重点管辖和显灵的地方，所以，人们除了庙祭之外，还会举行海祭。海祭主要是渔民的节日，是在三月二十三妈祖诞辰这一天举行。海祭的礼仪和庙祭一样隆重，只是把供桌、贡品摆到海边沙滩上而已。

海祭时，信众们会面朝大海，向海神妈祖跪拜，祈求海上出行平安，海上捕捞丰足。海祭因地域不同而名称也不同，在浙江象山称为开渔节，在广东称为辞沙，在台湾澎湖则称为海上巡安。

与海祭关联的习俗是水族朝圣与渔民的禁捕。相传，在三月二十三妈祖诞辰的这一天，海龙王也率所有的水族来到湄洲湾海域，向湄洲妈祖朝拜。

每当这时候，人们常能望见水族齐聚，追波逐浪，竞相腾跃，煞是壮观。因此，渔民们相约，妈祖诞辰前后几天海上禁捕，好让鱼虾同人类一样庆祝妈祖诞辰。此俗由来已久，并且从未破例。

除了妈祖诞辰，农历九月初九的妈祖升天日祭祀活动也非常盛大。但因为是忌日，纪念活动的特点是戒荤，供品不备五牲，一律用素食，祖庙内部住持祭祀的道士也必须进行三斋六戒。

像妈祖诞辰和妈祖升天日所做的醮都属于清醮，就是常年纪念活动。除此以外，还有大醮，大醮就是大庆典的纪念活动，湄洲祖庙在祖庙落成、开光或者千年祭的时候会举行大醮。

举行大醮时，祖庙内会演奏五锣鼓，放铳炮，演木偶戏，奏八乐鼓吹，并且演莆仙戏。

演戏时规定必须要先跳加官和演八仙，还要进行状元游街，这以后才能正式开始演节目。在祖庙内有经师、和尚各9人做道场法事，经师和尚一般都配有自己的吹鼓手演奏。

大醮整个庆典活动规模很大，形式非常隆重。除此以外还有出游，出游是湄洲全境祈求妈祖平安的一种活动仪式。目的是请妈祖巡游全境，扫荡妖魔，庇护黎民平安顺利。

这种出游，不一定每年都举行，出游的日子也不是固定的。在出游前，人们会在妈祖神像前问卜祈安，就是通过占卜询问妈祖是在祖庙举行祈安法事，还是出游。

若是"卜杯"，也就是占卜，妈祖表示同意，就在祖庙做祈安法事，演戏等。如"卜杯"不同意，便决定出游。此时，全乡耆老集中祖庙决定出游的主持

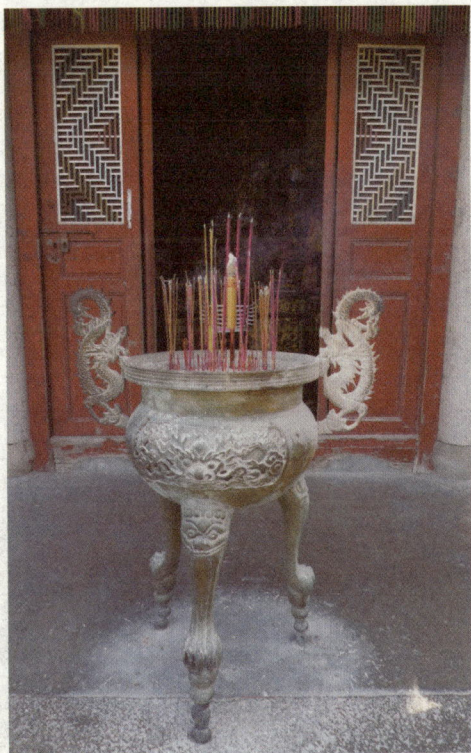

人，再"卜杯"确定出游的月份，然后再择日推算出游具体日期。

出游的那一天，湄洲全境15个宫的妈祖同祖庙的妈祖全部抬出去巡游并规定到下山宫驻驾一天。诸宫妈祖东西两行排列，妈祖则排在东边首席。出游后，再"卜杯"决定妈祖回驾祖庙的时辰。

妈祖圣驾回銮，要先是五驾和中军，继为妈祖，后为各宫妈祖相随。下山宫的妈祖排在最后，因为它是妈祖驻驾时的宫庙主人。

分神，则是指外地妈祖执事人员到湄洲祖庙请香仪式，故称"分神"或叫"分灵"。

通常是外地妈祖庙有庆贺活动或节日时，虔诚的信徒便不论远近，专程来到湄洲祖庙，敬请妈祖驾临该地妈祖宫观赏和赐福。

事后，香火会留在这个地方不再送回。以后如有活动，还会再次进行进香。所以，分神一事，在湄洲祖庙多则一日数十起，尤其是每年三月廿三妈祖生日请香的人非常多。

此外，关于妈祖的祭祀活动还有妈祖元宵和农历八月十五的庆贺中军生日。元宵节祭祀妈祖时，家家户户都会备好"水族朝圣"贡品，或真或仿，摆成"宴桌"。

　　妈祖元宵日是在元月初十。这个节日主要是人们敬请妈祖庆赏元宵。由于湄洲除祖庙外，在福建全境还有15座妈祖宫奉祀妈祖，所以庆赏元宵的活动，是从元月初八始至十八止。

　　各妈祖庙的妈祖神像先后抬来祖庙上香。各妈祖宫随从的仪仗队有大旗、大灯和大鼓，还有放铳炮。由各宫福首主持进香，祖庙请道士做醮。

　　供品由平时祈求、许愿的信徒提供答谢祭祀，还演奏鼓吹八乐等。按惯例，元宵活动先由山尾宫抬妈祖神像到祖庙庆元宵，然后出巡庆贺元宵。有"摆棕轿""耍刀轿"等场面壮观和热闹非凡的文娱表演以及妈祖出宫、回宫的活动。

关于中军的生日，因为中军是妈祖属下，所以庆贺只在中军殿内举行。

关于在祭祀过程中的贡品，也有很多种类。在民间供奉妈祖的主要群体是渔民和船工，所以在妈祖的祭祀活动中，大多都用海产品供奉妈祖，这成为了渔民的一大特色。

他们用一些罕见的大蛤壳、海螺壳，大龙虾壳等作为供品献上。有时，在大小节日庆典，渔民们还用面粉蒸制各种象征水族或其他神兽的供品。

除了这些，在许多宫庙中还藏着为数众多的船模，这是船工们奉献给妈祖的供品。代表着渔民们祈求妈祖保佑出航平安，有时也是征询妈祖神灵的意愿，然后动工造船。妈祖的供品中，往往还有形式多样的绣花鞋，名为"妈祖鞋"，表示向妈祖求子。

在妈祖庙中，除了贡品外，神龛、供桌、烛台、香炉、钟磬、鼓号和其他祭器，也都具有深厚的妈祖信仰文化。

关于祭器，如盘龙烛台，果盒、馔盒等也都是漆金木刻的珍品。莆田地区的漆金木刻工艺，普遍用于这一带妈祖庙的神龛。供桌的制作，不仅雕工精细，构思奇巧，且金光闪烁，令人世间炫目。在这些宫庙中，妈祖神像的装饰也极为华丽，有精镂细雕的银冠、铜冠、绚丽多彩的龙袍、霞帔、珠靴及朝珠、玉圭等。

关于仪仗，在妈祖信仰的民俗文物中，数量最多而且品种最丰富的就是妈祖出游时所用的全套仪仗器物。

其中有刺绣人物、花卉和龙虎图案的清道旗、龙头杖、"天上圣母"衔牌，还有"肃静""回避"牌等。此外，还有大小灯笼、火铳及其他器物。

每当妈祖出巡或谒祖进香，所有这些仪仗器物会由打扮成侍神、中军、文曹、武判或随人等人物，按一定顺序相间排列，前呼后拥地随妈祖出巡。因此每次妈祖出巡，也都是妈祖民俗文物的大展示。

知识点滴

在天后诞辰的时候，水族会集结到海边，传说是为了感谢妈祖。东海历来水怪众多，时常兴风作浪，破船沉舟，过往渔民商旅，深受其害。

妈祖自16岁起就经常飞巡于海上，游于礁屿之间，降妖伏魔，除掉了不少水怪。一日，妈祖与当地官员巡行海上，命驻舟中流，只见四海龙王率领水族骈集，毕恭毕敬，向妈祖请罪问安。

妈祖赦免了它们的罪，嘱咐它们以后要庇护渔商百姓，不得兴风作浪。四海龙王率水族齐齐谢恩，然后退潮。后来每当妈祖诞辰的时候，龙王都会率领水族来为妈祖庆生。

平海天后宫

　　平海天后宫俗称"娘妈宫"，位于福建莆田平海镇海滨路，背靠朝阳山，面临平海湾，庙门与湄洲妈祖庙隔岸相望，形成了平海天后宫最具特色的景观。

　　平海天后宫始建于999年的北宋，因宫内由108根木柱组成，故又称"百柱宫"。

　　平海天后宫被称为全世界最古老、保存最完整的宋代宫殿式原构妈祖行宫，也是世界第一座妈祖分灵宫庙，影响十分深远。

富含神秘色彩的行宫建筑

　　平海天后宫位于莆田平海镇的东南方，原名"通灵神女庙"，俗称"娘妈宫"，创建于999年的北宋，是湄洲妈祖庙分灵的第一座行宫。后来，经过多次重修改名为"天后宫"。

　　平海天后宫整体背靠朝阳山，面临平海湾，与湄洲妈祖庙隔岸相望，风景迷人，形成了一个极具特色的景观。

平海天后宫建筑总体设计严谨，独具特色。宫庙的造型飞檐翘角，雕梁画栋，鎏金烫彩，典雅古朴，保持了宋代建筑风格，是世界上保存最完整的千年古建筑之一。

平海天后宫宫殿为抬梁穿斗结构建筑，进深各五间，其正殿、两庑、大门等全部使用木柱。大门外檐下仍沿用原宋代的梭形石柱数根，其屋盖为后单檐硬山顶卷棚出檐与前单檐歇山顶的混合体，造法特殊。

其中，中座宫庙分三殿和两厢，并由一条回廊将其串连起来，形成了一个"工"字型布局，构造十分独特。平海天后宫的还有一个特色之处在于当年匠师们寓意深刻的建筑设计，整个天后宫有三处不离"108"这一数字的。

首先是大殿的大屋顶和廊庑由108根木柱承托。因此，又被称作"百柱宫"。而宫内檐下四周又用108块青石砌成，组成内院埕。再有宫前古水井，也就是师泉也是用108块青石砌筑而成，组成较为少见的方形井。

108是我国传统文化中的吉祥数字，是易学中的一个"大周天数"，意味着阴历与阳历三个"小周天"后的又一次契合，象征着圆满；"108"又是佛教中的吉祥数字，如佛珠通常是由108颗组成。"108"在天后宫以良好的寓意、有趣的方式再三的被使用，形成一大特色。

进入平海天后宫的大门，走过长廊，便可以到达正殿。殿内的神龛上供奉着五尊妈祖，中间的最大，左右依次渐小。她们虽然神态各异，但都慈眉善目，十分亲切。

大殿左右两旁供奉着五帝爷、水天王、临水夫人、慈济真君。前上方依次挂着"神昭海表"横匾，和一块独特的"皇帝万岁万万岁"直匾。

据说，此殿供奉五尊妈祖神像与朱元璋有关。

相传明初朱元璋为平南方叛乱曾率军从水路来到南日水寨。舟行古南啸时，忽然遇到了飓风。狂风大浪不停地袭击着战船，船体摇晃不定，无法行进。朱元璋下令连续抛了5个锚，想要稳住船身，可是怎么也稳不住，船只被大风催逼着左摇右摆，情况十分危急。

这时，随行的官员想到，听说平海的百姓一直供奉的妈祖十分灵验，于是劝朱元璋向妈祖祈祷。朱元璋听后举目向天，伸出双手呼求妈祖。

突然，一阵红光显现。只见妈祖飞身而来，瞬间化为5位红衣少女，分别按住5个锚，稳住了大船，并指示船队开往平海港避风。

于是人们奋力划向平海港，一路上船队好几次都要发生危险，但5位红衣少女都使他们化险为夷了。上岸后，5位红衣少女就不见了。

由此朱元璋感动于狂风恶浪后平静的海湾，认为此处应该叫"平海"，遂将原来的南啸改名为平海。也因5位红衣少女神奇的遁去后在战船上留下了5朵金花，故而，为感念于此，平海的天后宫里供奉着独一无二的五尊妈祖神像。

朱元璋非常感激妈祖的保佑，还赐了"皇帝万岁万万岁"的匾额，此后，匾额便一直保存在平海天后宫的正殿之内。

平海天后宫是世界第一座妈祖分灵的行宫，备受人们尊崇。2011年，平海天后宫与我国台湾台南大天后宫缔结成了"姐妹宫"，缔结庆典活动在平海天后宫举行。

此次活动是平海天后宫与台南大天后宫为了加强海峡两岸之间妈祖文化的联谊和交流，进一步促进妈祖文化的弘扬和传播而举行的。

这是平海天后宫举办的规模最大的庆典活动之一，有力地推动了海峡两岸妈祖文化的传播与交流，成为增强妈祖文化连接两岸同胞的情感纽带。

知识点滴

妈祖助战施琅的动人传说

　　到了清代，平海天后宫妈祖显灵的传说也从未断绝。在平海天后宫的大院内有一口古井。这口井就是著名的师泉井。井口呈四方形，由四块大石砌成，井壁用条形石块砌就，共108块。

　　在海边挖井，经海水浸润，井水一般较苦涩。但师泉井却不是这样。师泉井虽不深，水却澄澈甘甜。并且，关于师泉井还有一个极具历史特色的传说呢！

　　在1682年，清军水师提督施琅奉旨率30000水军驻扎在平海，准备乘风东渡台湾，收复台湾。他们来到平海后，正好遇到干旱，施琅找了很多的地方，都没有找到合适的水源，30000水军的饮水成了一件非常紧急的问题。

施琅望着士兵们口渴唇裂，萎靡不振的样子，感到心急如焚。他深知，如果不尽快解决水源的问题，那么，收复台湾的整个作战计划就会全部失败！

为此，施琅走访了当地许多乡绅和百姓，可是没有一个人能为他指点迷津。一天，施琅为了排遣心中的郁闷，来到了海边，站在一块巨大的礁石上，举目远眺烟波迷茫的台湾岛，海峡两岸的涛声带着他的心事飘向茫茫大海。

半夜，施琅回到了宿营地，躺在床上辗转反侧，难以入眠。到了天快亮的时候，施琅迷迷糊糊地睡着了，做了一个梦。

在梦中，妈祖娘娘从天后宫的神龛上走下，微笑着对他说："施将军何必如此长吁短叹，水不就在宫门口吗？"

妈祖娘娘说完，便飘然而去。施琅猛然惊醒，茅塞顿开。第二天，施琅便带领士兵来到平海天后宫，果然在宫门口找到一个已经被填了的古井。

施琅下令开始挖井。用两天时间，只挖了6米多深奇迹便出现了，泉水汩汩地从井底涌出。施琅俯身捧着喝了一口，泉水清冽甘醇，非常清爽。为了感念妈祖"赐泉济师"，施琅欣然命笔，写下了"师泉"两个遒劲有力的大字，还命人刻下他的《师泉井记》的碑文。

相传，井边的那个状如龟头的石头，干旱时，只要你在龟头上连磕三下，那么便会泉涌如潮，永不干涸。在平海天后宫宫门的左右各立一通大石碑，左边便是《师泉井记》，而右边的《平海天后庙重修碑记》是与施琅将军有关的另外一个传说。

在1683年，施琅将军奉命第二次东渡澎湖，收复台湾。当施琅率领舟师经过澎湖列岛的时候，却遇到海盗窃踞要津，使大军难以东渡。要收复台湾，首先就要收回澎湖。澎湖既是赴台的跳板，又是征服台湾的序幕。施琅对此早有所准备，他整顿东征大军，严阵以待。

施琅命令用大炮攻击，敌人也用大炮还击。一连打了三天三夜，船上的粮草和淡水快用完了，施琅心里十分的焦急，但是想到他们是正义之师，于是斩钉截铁地说："正义之师，奉旨征台，合乎天意，顺乎民心，不把海盗聚歼，决不收兵！"

这时，施琅将军回想起去年，得到妈祖帮助寻到水源的事情，更加相信妈祖一定会再次保佑东征雄师。于是，施琅站在指挥船上，拈香朝拜："祈求天妃显灵，保佑王师克敌制胜。事成之后，自当厚谢！"

于是，将士们也在战舰上朝拜妈祖。一时间，30000舟师军心振奋，纷纷请求将军下令："严惩为非作歹的海盗，敢冒炮火，视死如归！"

又打了三天三夜后，施琅和众将士都已经筋疲力尽了。在这千钧一发之际，施琅将军再度请求天妃显圣，并下令三军将士奋勇杀敌，有进无退。

传说，这时，将士们好像看见天妃从天而降，还有红面、绿面的将军冲杀在前，势不可当。说也奇怪，从这时起，虽然海上烟雾弥漫，但战舰一路顺利，威风凛凛地开进了澎湖列岛，并肃清了岛上的敌人。占据台湾的郑克塽惊闻澎湖失守后，只好投降。

还有传说，在未攻克澎湖之前，署左营千总刘春，夜梦天妃告之道："二十二日必得澎湖，七月可得台湾。"

果然施琅率领的大军于二十二日攻克了澎湖。又有传说，在清军攻克澎湖那一天，莆田平海乡人去朝拜妈祖，看见妈祖身上的衣袍都被水湿透了，而她的左右两位神将，绿面的千里眼和红面的顺风耳涂油漆的双手都起了"泡"。

乡人们都说奇怪，等到出海渔民回来报告施琅将军攻打澎湖得到天妃帮助，人们才知道原来妈祖是率领部将去帮助施琅了。班师回朝后，施琅将军奏请朝廷，说："澎湖神助得捷。"

康熙皇帝非常高兴，加封妈祖为"护国庇民昭灵显应仁慈天后"，特旨重修扩建平海天后宫，立下了《平海天后庙重修碑记》。并且，康熙皇帝还派遣礼部郎中雅虎等人，怀抱着御香、御帛到平海天后宫分灵的祖庙湄洲妈祖庙褒嘉致祭。

到了1750年的清代，太子少保兵部尚书总督闽浙地方等处军务兼理粮饷都察院右都御史署理闽巡抚何口重修中殿和后殿。在1880年的清代重建中殿。

知识点滴

在1682年，施琅第一次率兵渡海攻打台澎，因缺风船行很慢，施琅下令返回了平海。但是回到平海后不久，海上就起了大风，战舰上小艇被风刮下海，不知去向。

第二天风停后，施琅命令出海寻找小艇。找到小艇的时候发现，它们都安然地停在湄洲湾中。据小艇上的被困的人说，在昨夜里波浪中，好像看到船头上有一个红衣女子，稳住了小艇，尽管多次差点发生危险，但每次都化险为夷了。

施琅认定是妈祖帮助再次显灵了，非常感动，命令整修了平海天后宫，重塑妈祖神像，并捐重金建了梳妆楼和朝天阁，并请回妈祖神像一尊奉祀在船上。

泉州天后宫

泉州天后宫位于泉州南门天后路，地处城南晋江之滨，这里被称为"蕃舶客航聚集之地"，是多种文化的交会点。

泉州天后宫始建于1196年的宋代，是我国东南沿海现存最早、规模最大的一座妈祖庙，有温陵天后祖庙之称。

泉州天后宫被认为是海内外建筑规格最高、规模最大的祭祀妈祖的庙宇，我国台湾和东南亚许多妈祖庙都从泉州天后宫分灵建庙，可见影响十分巨大。

妈祖显梦建造泉州妈祖庙

　　相传在1196年的一天夜里，泉州海潮庵所有的僧人做了同一个梦，梦到有一个女神显现，自称是妈祖，让他们建造一座宫殿，好使她可以住在其中，保佑泉州的水运。

　　僧人们醒后非常惊讶，认为是妈祖显灵，就推举了一个德高望重名叫徐世昌的僧人去负责建造妈祖庙。于是徐世昌便向百姓募捐，然后用这些募捐得来的钱修建了一座妈祖庙。

　　当时修建的妈祖庙规模已经很大了，是由山门、三殿、两廊和两亭组成。原山门名叫马戏台，后来被拆毁了，存留下来的山门是后来重建的。

重建的山门是雕花漆绘木构斗拱，竖有青石龙柱，两侧有麒麟石雕，螭虎窗户。山门的屋顶重檐是四坡面，屋脊反翘着，上面还有龙的瓷雕。山门屋檐的角脊上是作成凤尾状的装饰，线条柔和优美，整体上面结构华丽壮观。

戏台连接于山门的后檐，坐南朝北，有木构的藻井顶盖，雕脊画枋，小巧玲珑，具有泉州独特的艺术风格。

紧接山门两侧为东西厥建筑，显示了天后宫的尊贵地位。东西厥建筑为二层楼阁，两楼高耸，楼上分别放置着钟和鼓，楼下分别安放着千里眼和顺风耳两个神像，威武庄严。

同样建于宋代的正殿虽历经沧桑，但它的木构建筑依然保存完好。正殿占地面积600多平方米，建筑在一个须弥座上，高出地面1米，这个须弥座是采用花岗岩石修葺的。

在须弥座的束腰处浮雕着"鲤鱼化龙"、雄狮、文房四宝、仙家法器、鹤舞云中和宝盖莲花等图案，雕刻的刀法熟练，图案生动活泼，突出表现了天后至高无上的尊贵。

在正殿的内部是木梁骨架，还有圆形花岗岩的石柱立在其中，柱头的浮雕着仰莲纹。殿内的建筑结构非常特别，空间变化很丰富。

在殿内的门窗上还有弯枋雀替，雀替上有精致细密的雕花，纹饰丰富多彩，既有几何图案，又有花卉水族和鸟兽人物。殿内还画有如意、西番莲及喜鹊登梅等图案，都具有吉祥的象征。还有的图案则是异兽，寓意"益寿"。

殿内的浮雕更是琳琅满目。有八骏、八宝、傅古鸟龙和各种花卉，表现着水族鱼龙腾空翻浪与百花争妍。这些浮雕都是表现道教主题的图案，以福禄寿吉祥物作衬托，呈现出了仙家的非凡境界。

正殿的殿顶则是九脊重檐，属于四面落水的歇山式。正脊是整个天后殿的制高点，两端是用五彩瓷塑成的双龙戏珠，造型精美，光泽鲜艳。

在四岔脊头上则是组合的凤凰图案，这凤凰图对应大脊的龙，形成了龙凤呈祥的场面。这些都是吉祥如意和庆贺长寿的象征。

正殿殿名是以1123年宋徽宗为湄洲妈祖庙赐额"顺济"为名，称它为顺济宫。"顺济"也就是顺风以济的意思。

在宋代，泉州地方长官和市舶司的官员每年都会在春秋两季来到顺济宫，举行"祈风"和"祭海"仪式，目的是祈求风浪平静，航海安全，也是为了鼓励人们发展海上贸易。

其实最初人们祭海不是在顺济宫，而是在晋江边的真武庙中，而祈风仪式则在南安县的九日山上。但后来因为顺济宫的香火非常繁盛，所以这两个祭祀便都在顺济宫举行了。

到了1211年的南宋，郡守邹应龙为了便于商户和渔民们来顺济宫朝拜，在笋江下流造了石桥，取名为"顺济桥"。

并且，泉州天后宫的信仰文化走向我国台湾也是从南宋开始。据记载，早在1171年，泉州知州汪大猷就曾使一部分百姓迁居台湾。

在后来，元代著名旅行家汪大渊从泉州浮海到澎湖后，在《岛夷志略》一书中写道：

> 澎湖分三十六岛，巨细相间，坡垄相望……自泉州顺风，二昼夜可至……泉人结茅屋居之，各遂生育。

文中的澎湖指的就是台湾群岛，从文中可知，在元代的时候，我国台湾就已经有了泉州移民而来的百姓。同样在这一时期，台湾建起了第一座妈祖庙，称为娘妈宫，它是我国台湾地区历史上最早的一座妈祖庙。

知识点滴

顺济桥位于顺济宫的前面，横跨晋江，全长500多米，宽5米，在桥上有石栏杆和塔幢，在桥头上还有威武的石将军和桥堡。在桥身的横匾上还书有"雄镇天南"，桥中有石刻"顺济桥"3个字。

中外商船泊于岸边江中，首先看见的就是顺济宫和顺济桥这两座雄伟的建筑，"顺济""妈祖"之名随之四海传扬。

地位日益升高的妈祖神格

宋代时，泉州已经与埃及的亚历山大港齐名了，成为了世界上最大的贸易商港，与亚洲很多国家和地区有贸易往来。

到了元代，泉州港的贸易更为繁盛，和海外通商的国家更多了，海上巨船入港的数量有时多达300多艘。帝王为了使漕运和海运顺利，也多次诏封妈祖，以祈求妈祖的庇佑。

据《元史》记载，元

世祖为了发展海上贸易，于1278年下诏敕封妈祖为"泉州神女"，号"护国明著灵惠协正善庆显济天妃"，妈祖的神格骤然提高，顺济宫也随之改称为天妃宫。

1281年，元世祖再次下诏册封妈祖为"护国明著天妃"，并特地指派泉州的蒲师文为册封大臣，在泉州天妃宫举办祭祀和褒封天妃的典礼。

1299年，元文宗下诏书，加封泉州海神为"护国庇民明著天妃"，并且在诏文中直呼妈祖为"泉州海神"，妈祖的海神职位进一步明确了。

1329年，元文宗又命翰林院拟定了祭文，并派遣官员到天妃宫致祭，祭文道：

圣德秉坤极，闽南始发祥。
飞升腾玉辇，变现蔼天香。

海外风涛静，寰中麟凤翔。
民生资保赐，帝室借匡襄。
万载歌清宴，昭格殊未央。

进入明代，泉州港仍是全国的重要港口。在1370年，泉州设市舶司，并在天妃宫附近的车桥村设置了来远驿，专门用来接待外宾。

后来，明太宗为了帮助台湾群岛开发经济和文化，1392年派遣了"闽人三十六姓"定居台湾。在这36姓人中，泉州人占了相当一部分，如南安的蔡氏、晋江的李氏和翁氏等。这些泉州人在定居台湾的同时，也将泉州的妈祖信仰文化进一步带入了台湾。

"闽人三十六姓"到达台湾后，分别在台湾首府那霸和他们聚居的久米村建起了上、下两座天妃宫。宫成之后，琉球当地的地方官也作了规定：

自贡船开船之日起至第七日，上至大夫下至年轻秀才，都必须参拜两天妃宫……

自第七日至贡船回归本国为止，每日大夫以下的年轻秀士与乡官士们都要轮流诣庙参拜。

后来，随着交流的不断密切，妈祖神格也不断提高，妈祖信仰在台湾也逐渐深入人心。

1407年，三保太监郑和第二次出使西洋时途经泉州，遣使祭拜妈祖，当时的天妃宫因为年久失修，很多建筑都已经倾颓了，于是郑和奏报朝廷申请重修了寝殿等建筑。

寝殿又称后殿，地势比正殿高出1米多，两侧突出的部位设有翼亭，左右还设有斋馆。整座殿宇是大木构建筑，屋盖为两坡面的悬山楔，面阔7间，木质梁架粗大古朴。

大木柱置于浮雕仰莲瓣花岗岩的圆形石础之上，殿前檐柱保存一对16面青石雕的元代印度教寺石柱，柱上接木柱，刻有楹联：

神功护海国；

水德配乾坤。

正面原有悬挂明代大书法家张瑞图所书的"后德配天"横匾。

1417年，郑和第五次下西洋再次途经泉州，在依制祭拜妈祖之后，又去灵山伊斯兰圣墓行香，祈求祖先灵圣庇佑，存留下来的郑和行香所立碑石上刻着：

　　　　钦差总兵太监郑和前往西洋忽鲁谟斯公干。永乐十五年五月十六日于此行香望灵圣庇佑护。镇抚蒲和日记立。

　　1540年，郡人徐毓集资再次大修了天妃宫，先修正殿5间，重建寝殿7间，凉亭4座，两厢30间，东西轩及斋馆28楹，于1544年落成。

　　在明代泉州人又分别随颜思齐、郑芝龙和民族英雄郑成功移民到了台湾，再一次将妈祖文化带入了台湾。

知识点滴

　　"闽人三十六姓"中大部分人都是泉州人，他们在从泉州前往台湾的途中，船只必须经过沧水和黑水。

　　沧水和黑水是一条深达2000多米的大海沟，古称"沧溪"，又称"东溪"。海沟中波涛汹涌，航海者经常在此遇难。

　　他们为了能够安全到达台湾，在出发前就在泉州天后宫举行了祭祀，然后将妈祖恭奉于船中。就这样，妈祖就伴随他们从泉州出发，一路保护他们顺利到达了台湾。从此，泉州妈祖的信仰文化也随着这些泉州百姓在台湾落地生根了。

泉州妈祖文化深入台湾

1680年，清朝靖海侯施琅奉旨东征台湾，统一祖国。他分兵三路出击，最终取得了胜利。据泉州知州刘颖所编的《泉州府志》载：

国朝将军施琅征海师次于此，神有助顺功。

平定台湾后，施琅感念妈祖神恩，上书康熙帝请封，历数妈祖助顺神迹。在1684年，康熙遂敕封妈祖为"护国庇民妙灵昭应宏仁普济天后"，天妃宫也改名为"天后宫"了。

后来，施琅将军为报答妈祖的恩惠，对天后宫进行重修和扩建。并且在施琅平定台湾和重修天后宫的期间，他也带领泉州百姓向台湾进行了3次大规模的移民。

到了1723年，雍正御书匾额"神昭海表"，悬挂于殿中，乾隆后历代有重修。后来清文宗加封妈祖为"天上圣母"，泉州天后宫又进行了大规模的修建。

在清代，私商贸易和向台湾的移民热潮也在泉州港进一步兴起，泉州的妈祖信仰文化也随着泉州商人和移民的足迹更为广泛地传播。

1732年和1760年，清政府曾两次开放海禁，当时有许多泉州人趁机东渡，到达了台湾。

也正是因此，台湾的居民中有很多人的祖籍都是泉州。这些泉州人，在来到台湾的同时，也将妈祖文化带到了台湾。

　　台湾的妈祖基本上可分为湄洲妈祖、泉州妈祖、同安妈祖三大类别，它们分别为湄洲妈祖、泉州妈祖和同安妈祖的分灵。

　　从台湾妈祖庙宇的级别来看，都属于大陆妈祖庙的分灵。一是从大陆捧持妈祖神符或香火到台湾奉祀，称为"分香"；二是从大陆捧持妈祖的神像到台湾奉祀，称为"分身"。它们大概都是出于明清时期福建向台湾大规模的移民。

　　在这些移民的百姓当中，泉州百姓一直是开发台湾的主力军。他们在台湾的开发是由南至北，从西而东的，因此，台湾岛上的妈祖庙建造年代的顺序也是如此。

　　1709年泉州人陈赖章开发台北的时间，与台北天后宫的修建年代接近。

1720年，泉州人林列开发新竹的时间，与新竹的长和宫修建年代相近。道光年间泉州曾氏开发桃园的时间，与当地仁海宫的修建几乎同时。

由此可见，台湾的妈祖信仰文化大部分都是泉州天后宫妈祖信仰文化的延续。

台湾有800多座妈祖庙，妈祖的信徒占总人口的四分之三，台湾堪称妈祖信仰的极盛之地。

这些庙宇的殿堂、山门、龙柱、石壁、石楣以及上面雕绘的人物、花卉、鸟兽等，尽是泉州的能工巧匠的杰作。从而也证明了，台湾的很多妈祖庙，都是泉州天后宫的分灵。

台湾的妈祖庙和泉州天后宫有着不可分割的紧密联系，后来，在泉州天后宫专门建设了"闽台关系史博物馆"。

闽台关系史博物馆是反映祖国大陆福建，与宝岛台湾历史上渊源关系的专题性博物馆。

馆内收藏有大量珍贵的历史文物和民俗文物，曾多次举办过大型的展览会，如"闽台民间艺术展""泉州古今字书展"和"闽台民俗风情摄影展"等。

台湾的各大天后宫长期以来就跟泉州天后宫有交往。在两地的天后宫内，都保存有对方几十年前互赠的匾额。

为了促进两岸文化交流，每年元宵节的时候，泉州天后宫都会举行"乞龟仪式"。祈福的大"米龟"则是由两岸的信众一起捐赠的。台湾的信众们也到泉州天后宫祈福。

知识点滴

每次泉州天后宫"乞龟"活动点睛仪式开始后，会有专人为大"米龟"点睛，这就意味着为期6天的"乞龟"活动正式开始了。

这时，闻讯赶来的香客会依次走过象征平安吉祥的"平安桥"，这代表在新的一年里能得到平安、顺利。

在米龟点睛仪式结束后，香客们会蜂拥而上，摸着大"米龟"，口中念着："摸到头，起大楼；摸到嘴，大富贵；摸到尾，有头又有尾……"

赤湾天后宫

　　赤湾天后宫也叫天后博物馆，坐落在广东深圳赤湾村旁小南山下，依山傍海，风光秀丽。以天后宫为中心的"赤湾胜概"是明清时期"新安八景"的第一景。

　　赤湾天后宫始建于宋代，明、清两代多次修缮，规模不断扩大。殿宇巍峨壮丽，外景气象万千，是我国沿海地区最大的天后宫庙，拥有99道门，也是深圳历史上最负盛誉的人文景观。

妈祖慈目下的天后宫盛景

　　赤湾天后宫坐落在广东深圳赤湾村旁的小南山下，始建于宋代。它原名为"赤湾天妃庙"，1684年更名为"赤湾天后宫"。

　　赤湾天后宫在鼎盛时建有山门、日月池、钟鼓楼、前殿和正殿等数十处建筑，是我国沿海地区最大的拥有99道门的天后宫。

赤湾天后宫的整体色调是天蓝色，仿若海洋一般。在天后宫的院门围墙上，有40余通书法碑林，刻下了历代名人书写的与天后有关的墨宝，内容都是记录这位华人圣母的传奇故事和对赤湾天后宫赞誉。

　　赤湾天后宫大门的正前方，是一堵天后圣母照壁，照壁上刻着"中华海神，天后圣母"8个大字，与照壁前的天后像相映成辉。在天后圣母照壁对面是天后前殿。

　　赤湾天后宫前殿为天后宫重要建筑之一。前殿面宽24米，高10余米。正门台基前面的浮雕纹样石刻，相传为宋代末年赤湾天妃庙原建筑构件。

　　前殿的前正面有龙柱4根，用整块青石精镂而成，鬼斧神工，栩栩如生，是宫中最珍贵的文物。这4根龙柱每根高4米多，全部采用我国传统石雕镂刻而成，双龙盘柱，态势生动。

　　台阶两旁设置海神天后的守护神兽圆雕石麒麟两尊，寓意着天后宫的神圣与庄严。

赤湾天后宫正殿古典而巍峨，是按"官式做法、闽粤风格、海神特点"这3个原则修复的，是宫中最负盛名的殿宇，也是瞻拜朝圣者必到之处。

正殿的建筑结构简明、利落，色彩以大红配搭黄色为主，光线十分明朗。在正殿塑有一尊天后神像，高6米多，面容慈祥秀美，像慈母一样注视着来往香客，因此被信徒们亲切地称为"最美妈祖娘娘"。

赤湾天后宫正殿的左边是香云阁，其中最吸引人的是那些吊满一屋的塔香。这些塔香又称好运塔，在香云阁中，塔香林立，氤氲袅袅，使人们的身心都得到了平静。

来香云阁点燃一个塔香，祈福求安，表达人们希望妈祖能够保佑他们一生如意吉祥的愿望。来香云阁点塔香已经是民间流传已久的风俗了。

在正殿两旁的门可以通往左右的偏堂。左偏堂为庙祝居住的地方，右偏堂为天后寝宫。以前，在寝宫内设"龙床"，据说抚摸该龙床可添丁发财，尤以天后诞之日摸之最灵。

1310年，明朝中使张源出使泰国，途遇狂风恶浪，危在旦夕。张源情急中大呼天后娘娘，幸得妈祖显灵庇护，得以脱险完成使命。完成使命后，张源为了报答妈祖神恩，重修了天后宫。

从此，赤湾天后宫声誉日隆，历代官员感其护国护民大功，多次不遗余力重修扩建。后来，郑和奉明成祖朱棣之命，率领舟师远下西洋，开创海上"丝绸之路"，赤湾天后宫为其重要一站。

在1403年，三保太监郑和率领舟师远下西洋，其副使张源重修了天后宫。照壁左右两边的日月池和神泉井，还有挂满许愿布条的许愿树，都是由张源在重修天后宫的时候建成的。

日月池分别建在赤湾天后宫大门前照壁的两旁。日为阳，月为阴，日月池相互对应象征着阴阳和谐，冷热有序和刚柔相济，也喻示天后圣母的丰功伟绩与天地共存、和日月同辉。

在月池旁还有一眼神泉井，天然纯净，味道甘美，相传常饮此水能乌发养颜、永葆青春。另外，日月池旁还有一口井叫"神泉井"，在阅台前的叫"圣水井"。两口古井是相互对应的，一圆一方，代表天圆地方。

在民间传说，喝这两口井里的水，可以得到妈祖的保佑，益寿延年。传说有一年东莞东坑镇瘟疫肆虐，求医问药也无济于事，有人提议到赤湾天后宫祈求天后娘娘祛病消灾。

他们祭拜天后娘娘后，既喝足圣井水又用竹筒和陶罐将井水带回家中与患者共享，果真得到了医治。

从此东莞信众每次到赤湾天后宫来都要带上大大小小的水桶，将水盛满，然后全部集中到一起，大家在摆着几十桶水的旁边围上一个大圈子，有巫婆带动大家手舞足蹈，诵经祈福，左右转动，巫婆不时在水的上方比画着，表示给圣水开光。

赤湾天后宫内还有一棵榕树，相传是郑和副帅张源重修赤湾天后庙时亲手所植，历经数百年沧桑，依然生生不息。据说有一次，它枯死了60年，但后来却又奇迹般地在树根处发出了两根连理枝，从此人们更加相信这许愿树能达成人们的愿望了。

于是，人们在盘根错节的枝丫上挂满了红黄相间的布条，把自己的各种愿望写在这些布条上。希望许愿树能帮助自己实现愿望。

1463年，兵部给事中王汝霖赴占城前到此祈拜，果然一路顺风，遂出资增建正殿3间。

1580年，广州海舫同知周希尹，在平定倭寇时也得妈祖神佑，顺利率军平定老万山的倭寇。战后，周希尹为了报答天后，增建了寝殿3间、大堂3间、偏堂2间和檐门2座，并建亭围墙，规模盛大。

1616年，当地的一位王姓知县又修砌了日月池、石拱桥等，还加盖了牌楼。

1656年，清朝守备张应科押运粮食赴海南，在途中经过赤湾天后宫。他进去向天后祈祷，希望能够一路顺风顺意、圆满返回。

在顺利完成使命后，张应科为赤湾天后宫一举增建了房屋12间，还建设了钟鼓楼台。

天后宫钟鼓楼在天后圣母照壁的对面。鼓为我国传统打击乐器，在远古时期以陶为框，蒙以兽皮或蟒皮，也有以铜铸成的。

赤湾天后宫的钟楼和鼓楼均为两层建筑。钟楼、鼓楼是我国古代特有的建筑，所谓"晨钟暮鼓"，在古代用以报时或在战时用以报警。每当天后宫有重大典仪或节度时，便会钟鼓齐鸣。

在明清时期，赤湾天后宫成为了朝廷官员出海使外官祭的三大天后宫之一，也是明清时期"新安八景"中的第一景。

在很多供奉妈祖的庙宇之内都设有龙床。在泉州天后宫内就设有一张龙床。

龙床一般都会布置得十分辉煌。床的四边挂着锦绣的帐幕。而床前则垂下了罗帐。在龙床旁边，还有梳妆台。很多信徒到庙里上香时，也会到这张龙床之前，伸手到罗帐内去，摸索一番，这种行为，叫作"摸龙床"。

摸龙床含有一种预卜今年运程的作用，因为龙床之内，有很多东西，有人摸到一粒莲子，预卜今年抱孙了，因为莲子即年生贵子之谓。

有人摸得一粒花生，预卜今年生意兴隆，因花生即生意如锦上添花之谓。有人摸到一枚铜钱，即表示今年将有大财到手。所以很多信徒，都会去摸一摸龙床。

精彩绝伦的赤湾辞沙仪式

赤湾天后宫香火一直非常繁盛，并且成为了我国南方出海远航者祭祀之地的首选。并且赤湾天后宫的祭祀仪式具有浓烈的乡土色彩，"辞沙"就是其中之一。

赤湾天后宫的"辞沙"祭祀习俗已经有很长一段历史。可追溯到1464年的明代，在翰林院学士广州府事黄谏的《新建赤湾天妃庙后殿记》中记载：

凡使外国者，具太牢祭于海岸沙上，故谓"辞沙"。太牢去肉留皮，以草实之，祭毕沉于海。

过去人们在出海前，会用"太牢"祭祀妈祖，祭祀的时候，人们会将牛、羊和猪这三种牲畜去肉留皮，用草填实，摆祭于海边的沙滩上。祭祀完毕，将这三种牲畜沉于海中。

而这整个祭祀的仪式便称为"辞沙"。后来"辞沙"成为了从赤湾出海者起航前一种固有隆重仪式的名词。

从天后诞辰的半个月前开始，各地的信众就会从各地赶来，海湾内万船云集，宫内外张灯结彩，沙滩上舞龙舞狮，热闹非凡。

据《香港掌故》中记载：

由于赤湾天后古庙宏伟，每年农历三月廿三天后诞，香每逢农历三月二十三日妈祖诞辰，来沙滩上举行"辞沙"祭祀的信众数不胜数。"辞沙"祭祀大典是赤湾天后宫独有的。

"辞沙"前，做生意的人会事先在天后宫周围搭起商铺，销售香烛和食品。主持人则会将各绅士的捐赠登记、造册并入库。

祭祀开始时，主祭人会指挥将"太牢"先抬于大殿祭妈祖，领海上航行者和渔人到妈祖坐像前燃香行三跪九叩礼。祭祀完毕后焚祝文、焚帛，然后移至沙滩，将"太牢"沉入大海。

此时便会举行舞狮、唱戏、武术表演和杂耍等，而近千艘在赤湾港停留的渔船则会爆竹齐鸣，彩旗招展，盛况空前。

后来因为各种原因辞沙的方式已经改变，由海边移到了庙堂，但是人们没有忘记到赤湾举行盛大的"辞沙"祭妈祖活动，每到辞沙活动举行的时候，照样是热闹非凡。

整个辞沙活动会持续4天，在辞沙的第一天下午，会有一些人先到天后宫。他们会在正殿、左右殿和阅台上摆设水果、饼干、牛奶等供品，给油灯添灯芯草和香油，做完这些他们还会在山门平台上用竹片搭好人形架子，用纸糊一个"鬼王"。

这"鬼王"右手执令箭，左手托"善恶分明"令牌，腰系大鼓，面目恐怖。同时还会再糊一县令和其所骑的小白马。到了晚上，他们则要在大殿举行一个简单的祭拜仪式。

第二天上午，南巫、武术队和舞狮队等也会相继赶到，南巫身着道士长袍，敲锣击鼓，吹奏唢呐，诵经念文，在正殿内外带领信众叩首祭拜，祈祷天后娘娘保佑他们。

信众按领头南巫指挥，叫跪下祭拜则全部下跪，喊起来祭拜就全部起身。在祭拜信众中有的手托一捆衣物，这是赤湾天后宫祭祀的一个习俗。

信徒会将家人所穿衣物洗干净，按年龄大小依次捆好带来，对着天后娘娘祭祀，表示让衣服沾上灵气，给家人带来吉祥健康。

另外，到妈祖神像前的部分信徒会手执香烛，在大殿天后神像前和观音、财神像前不断发出"呕、呕、呕"的声音，让人听了好像是吃坏了东西要呕吐了。但这呕吐声代表妈祖神灵转附到自己的身上了，已经有了神灵的感觉，羽化成神了，能够像神那样灵验，保佑善良的人们。

祭拜结束后，信众们就开始观看舞狮表演和武术表演了。舞狮表演和武术表演都非常的精彩，动作协调，并且展现了阳刚之美，都会赢得信众们的阵阵掌声和喝彩声。

午餐后，有一阿妈搬来一张竹椅坐在山门处，双目紧闭，嘴上振振有词，全身故弄抖动，百余人在围观，当说到"阿妈保佑我们"时，引来阵阵喝彩声。

另有一个老太太，手执一把燃烧的香，放入嘴中，烟从鼻子里冒出，香从嘴里取出后，竟安然无恙，此时信众们会鼓掌喝彩，还给这老太太口袋里塞红包。

第三天晚上，大家把"鬼王"抬到院内的广场上燃烧，在燃烧前，大家争先恐后去撕"鬼王"腰上挂着的纸鼓。信徒们认为带上这纸片可祛邪，很快"鬼王"的鼓就会被信众抢去。

紧接着就要点鬼王了，南巫嘴上要念着咒语去点燃"鬼王"，鬼王点燃后大家都会把纸钱和大米撒向火海。此时，纸钱"鬼王"照天烧，整个大院火光冲天，亮如白昼。

到了第四天，整个辞沙活动就达到了高潮。开始举行盛大的祭拜仪式，人们给天后娘娘下跪叩首，锣鼓唢呐声回荡在大殿。

仪式结束后，会有一只狮子在震耳的锣鼓声中腾空而起，随即俯首用嘴轻轻舐着放在案台上的所有供品，以示吉祥。南巫则抱着两个纸箱，一个是装着红花、白花，一个是用来装钱，他们到供品放置的案台旁，逐个分发红花、白花。据说白花代表添男，红花代表添女。

当南巫将红花、白花放到信徒供品上或放到衣服的围兜里时，信徒都要合掌致谢，还要不拘多少向妈祖献些财物。

不久那只空荡的纸箱便装满了钱。最后一个程序是，将用红纸抄写的所有参加这次祭祀活动人员的名单，放在用纸糊的县令手上抱着，然后点燃县令和小白马，连同大家的名字一起化为灰烬。

缥缈的香烟把人们的芳名和愿望一起带给天后娘娘，给天后娘娘传递一个信息，让她在遥远的神仙国度里知道她的信徒是如何虔诚。至此整个辞沙仪式就结束了，信徒们也会渐渐离开。到赤湾天后宫的信众在祭拜妈祖后，还都会到许愿树下摘取树叶。

他们摘得树叶有的放在供品上，有的插在抬神像的轿子上，有的插在头发上，但大多是把它带回到家中，插在门楣上或插在花瓶里，表示希望把赤湾天后宫的吉祥和神灵护佑带回家。

知识点滴

在天后诞辰祭妈祖时，来到赤湾天后宫的信众都会带着礼物来朝拜妈祖。他们不仅会为妈祖填油，还都会带来一包最好的米，在油灯上先倒米、填油、捐款，再点燃香烛，祈求妈祖在这一年的时间里保佑自己平安顺利。

这里多年来，信众所献的米、油不只是局限于倒米填油于油灯，在功德箱里、神龛上、供台上、石雕龙、麒麟上、地上等，到处都倒满了米和油。意寓为寺院送米填油，积蓄功德。

天津天后宫

天津天后宫，又名天妃宫，俗称"娘娘宫"。它位于天津古城东门外，始建于元代，是天津最古老的一处古建筑群，也是我国年代最早的妈祖庙之一。

天津天后宫原本是海员祭祀海神天后举办酬神演出和聚会的场所。后来随着时代发展，它成为了天津民俗文化的发祥地和天津发展的历史见证。

"先有天后宫，后有天津卫"，这是对天津天后宫历史地位通俗而生动的概括。

蕴含深厚文化的主体建筑

　　天津天后宫又称天妃宫，俗称"娘娘宫"，位于天津古城东门外，始建于元代，是天津最古老的一处古建筑群体，也是我国存留下来的年代最早的妈祖庙之一。

在元代，由于运输漕粮时海难不断发生，而天津是海运漕粮的终点，是漕粮转入内河装卸的码头。所以，在1326年，皇帝下令建天后宫于天津海河三岔河口码头，供人们奉祀海神天后。

天津天后宫整体建筑，从海河岸边沿中轴线从东向西依次为戏楼、天后宫广场、幡杆、山门、牌楼、前殿、正殿、凤尾殿、藏经阁和启圣祠，其中间一条长30多米的天街连接，两侧分列南北的是钟鼓楼配殿和张仙阁等建筑。

戏楼、广场和幡杆均在天后宫正门之外，这里在过去是祭祀天后的场所，后来在过年等节日时这个广场会有大量卖吊钱、窗花的摊位聚集，非常热闹，戏楼有时也会启用。

戏楼为酬神演出之所，坐东朝西，面向大殿。是过街楼，西向宫前广场，东向海河和宫前大街，戏楼上悬"乐奏钧天"4字横匾，北侧上场门横额为"扬风"，南侧下场门前额为"典雅"。

后来被毁，存留下来的是重修的戏楼，高12米，宽10米，进深约12米。

幡杆不同于其他庙的旗杆，这个幡杆是由海船主桅杆演变而来，是天后宫坐落的标志，高度都在26米左右。

每逢初一、十五和天后诞辰，还有重要节庆庙会，人们都会将旗幡悬于空中，其上绣有"敕封护国庇民显神赞顺重佑瀛堧天后圣母明着元君宝幡"24个字。入夜高挂红灯每灯一字共24盏，远远看去非常壮观，可以为往来船只导航。

山门为砖木混合结构，平面长方形，面阔约6米，进深约3米。下部砌筑砖拱券，前、后设有券门，在拱顶上置十字形梁柱，柱顶施脊檩，横梁两端施金檩，檐檩置于前后檐砖墙上，脊檩上皮至屋外地面通高约6米。

山门顶部是九脊歇山青瓦顶，门额以整砖篆刻"敕建天后宫"5个字，上首可识"乾隆已巳秋九月"。"已巳"为清乾隆十四年，表示山门是在1749年的清代重建。

牌楼是元、明时代天妃宫前的标志，是木结构的二柱一楼式建筑，原有匾额"护国庇民"，意取"上以护国家，下以庇民生"。在1674年重修。

前檐正中竖悬着"天后宫"木匾。斗拱下边是"海门慈筏"大字横额，上款题"康熙十三年岁次甲寅春任正月"，下署"整饬天津刀副使加六级薛柱斗立"，表明了这个横额是1674年，由薛柱斗题写的。背额为"百谷朝宗"。

在山门和前殿之间有普济泉等三口井水，传说这三口井是天后娘娘为保一方平安，镇住海眼留下的遗迹。

前殿前的一对石麒麟采用汉白玉石雕琢，石麒麟面目生动，造型夸张，通身造型概括简洁，刀法生动，大刀阔斧之处又有小心精细之笔。

麒麟的头部夸张，比例较大，造型和艺术手法都有北魏石雕之风格，尤其是左边麒麟脚踩海龟，一看便知是为护佑海神的异兽，造型罕见。

由于这对专司护佑海神的麒麟建造历史年代早于元代，因此有些专家推断天后宫始建可能在1326年之前。前殿后来被毁了，后在原址上重建的。重建的前殿平面为长方形，是歇山青瓦顶，前、后设砖券门，前、后檐柱和山柱共10根，殿内没有中柱，只在柱头间安置有额枋。

前殿是天妃宫最早的山门，为面阔三间的过堂殿。前檐正中门额"三津福主"，上款书"康熙十三年岁次甲寅春任正月"，下署"整饬天津副使加六级关中薛柱斗谨献"，也表明了这个横额是后来1674年的清代，由薛柱斗献上的。

殿内是祭祀天后仪仗的护法神像5尊，中间为王灵官，两侧为千里眼、顺风耳、嘉恶和嘉善，他们均为天后驾前仙班里的神将。

中间的王灵官是专司镇守道观山门之职的神将，其职能相当于佛教中的韦陀，人称灵官王元帅。在我国民间神话里，王灵官是一个从凡胎俗子步入仙境神坛的奇特人物。

传说王灵官，原名王恶。他为人侠肝义胆，专为百姓们抱打不平。去世后，天庭晋封他为"玉枢火府天将王灵官"，赐给了他金印，命他执掌监察之职。从此他便纠察天上人间的善恶是非，惩恶扬善。老百姓都称赞他说："三眼能观天下事，一鞭惊醒世间人。"

在王灵官两旁是千里眼、顺风耳和嘉善、嘉恶。他们俗称四大金刚，也有人称他们为我国神话中的青龙、白虎、朱雀、玄武。

据说，这四位神将以前均为海怪，经常扰乱百姓生活，乡民祈求妈祖，希望妈祖能惩治妖魔。

于是妈祖便前去捉拿他们，妈祖法力无边，几年间相继收服了千里眼、顺风耳、嘉善和嘉恶4个海怪，同时他们也钦佩妈祖的非凡本领和高尚人格，甘心侍奉于左右，担当起了妈祖的驾前侍卫。

正殿祭祀天后，正殿一对石狮为后来明代雕刻的石狮子。它造型端庄大方，刀工细腻，由于时代已经久远，石内所含铁分子氧化变成红褐色。

在正殿，原来悬挂由后来清代进士郑瑞麒所撰的一副楹联，道：

> 补天娲神，行地母神，大哉乾，至哉坤，千古两般神
> 女；
> 治水禹圣，济川后圣，河之清，海之晏，九州一样圣
> 功。

在联中，郑瑞麒把妈祖和上古的补天英雄女娲和治水英雄大禹相比，来烘托妈祖作为航海保护神的丰功伟绩，并认为妈祖作为航海保护神，其功堪与女娲、大禹比肩。

正殿内是天后妈祖。在正殿的神龛里，天后圣母慈眉善目，仪态端祥，凤冠霞帔。她的左右立着四彩衣侍女，其中两人手执长柄扇遮护天后，另两人一个捧宝瓶，一个捧印绶。

抬头向上，中间一块写着"垂佑瀛壖"，意为赐福沿海。两旁分别写着"盛德在水""万里波平"，意思都是歌颂天后海神。右壁上还有一块匾，上写"四海同光"。这是后来台湾北港朝天宫赠给天津天后宫留念的匾额。

凤尾殿位于正殿后方，殿内祭祀的是净瓶观音、滴水观音和渡海观音。观音崇拜在民间较为普及，自宋代就有家家弥勒佛，户户观世音的说法。

观音菩萨被老百姓视为万能之神，生育求子拜观音，祛病消灾找菩萨。此外，观音菩萨那博爱、慈悲的胸怀更是让人津津乐道，传承百年。在全国大部分妈祖庙、天后宫中都塑有观音菩萨神像，这是有一定渊源的。

传说妈祖是龙王的女儿，天资聪慧领悟性强，备受菩萨宠爱，随后拜观音为师潜心修炼，深得菩萨真传。

成道后，下界广结善缘、普度众生。因此在妈祖庙内也供奉了观音神像。

观音和妈祖都是除恶扬善、消灾祛疫、护佑万家的神灵，又是我国最具亲和力的女性神祇，深得百姓爱戴。总体来说，天津天后宫无论是其建筑艺术风格，还是石雕、木雕、诸神雕塑、书法、壁画，都衬托着天津天后宫的悠久历史和深厚的文化底蕴。

还有传说妈祖是龙王的小女儿，因为贪玩被观音收为了侍女。顽皮的小龙女悄悄溜出龙宫，化身为一个渔家女孩，在闹市游玩，不料被水打湿身体，现出原形。

一个鱼贩子将她收入网中，卖给了一位厨师。这一幕都被一个小和尚看在眼里，他尾随其后用重金赎下了小龙女。这个小和尚就是观音菩萨手下的善财童子。

善财童子把小龙女送回东海后，东海龙王听说小龙女险遭不测，又心疼又气愤，自责平日太娇纵小女儿，于是狠心搬出家法，要施以重刑。善财童子见此情景，赶忙回到紫竹林向观音菩萨汇报，希望观音能够帮助小龙女。

观音得知后，决定留下小龙女，一来便于管束，二来又多了个帮手。观音向龙王道出此意，龙王喜出望外连忙将小龙女送到了观音那里。小龙女因祸得福，从此成为了观音菩萨的随从侍女。

绚丽的天后宫配殿文化

　　天后宫主体建筑大多供奉的是天后娘娘，而左右配殿陪祀的则是其他民间信仰中的神灵。其中就有祭祀天后仪仗中的药王和四海龙王的配殿。

药王殿供奉的是药王孙思邈，孙思邈是著名医药学家，生于陕西省耀县，自幼立志学医造福万家，因此他饱读医书，吸取中医精髓，博众家之所长。

后来，孙思邈经过多年的行医积累了丰富的经验，撰写了多部医学著作，为我国的医药研究做出了卓越贡献。他还经常义务为穷苦百姓治病疗伤，扶危济贫，因其医术高超、药到病除被后世誉为药王。

治病求医为人之本能，在旧社会，老百姓轻信是药三分毒，经常将礼拜神佛当作治病诊疗的良方。因此，药王崇拜应运而生。

除了药王配殿，还有蕴含了百姓希望生意兴隆而祭祀的文财神和武财神的配殿。

财神殿的文财神比干原是殷商末代皇帝纣王的叔父，任商朝宰相。他平日里为人正直，勤于朝政，忧国忧民。

比干见纣王因为宠爱妲己而荒废朝政感到忧虑不已。随后遭妲己所害，挖心自尽。他生前心直口快、说一不二，对事、对财都能公正无私、绝无偏袒，故被百姓尊为了财神。

比干之所以成为文财神，并不是因为比干是大财主，而是因为民间流传着一个关于比干的故事。

传说比干因为纣王昏庸无道，怒视纣王，并且自己将心摘下，扔于地上，走出王宫来到了民间，广散财宝。他虽然没了心，但因吃了姜子牙送给他的灵丹妙药，并不曾死去。

因为没了心，所以比干就无偏无向，办事公道，深受人们爱戴和称赞。当时，在比干手下做买卖者，都没有心眼儿，大家公平交易，谁也不会坑骗谁。

所以人们把比干这位老幼都无欺的君子立为财神，人人敬服。

而且在民间有谚语"财神到家，越过越发"的说法，所以敬财神、拜财神也是老百姓对富足、安乐生活的一种无限追求。天津地区也素有正月初二接财神、送"财水"的习俗。

在清晨，水铺的伙计肩挑两桶水、手拿两捆柴，挨家挨户地送，嘴里还大声吆喝："柴水啦！"水象征着财气、财运，柴与财谐音。

因此被老百姓赋予了招财进宝、大发财源的吉祥寓意。虽然后来这种风俗渐渐被人遗忘了，但是人们敬财神、拜财神的意愿却存留了下来。

关羽被誉为武财神。关羽，字云长。他仪表威武，武艺超群。东汉末年天下大乱，他投奔刘备，与刘备、张飞结为三兄弟，起兵争雄。刘备建立蜀国，关羽守襄阳、定益州、督江陵，被封为前将军，汉献帝封他为汉寿亭侯。

关羽具有忠君爱国、神勇威武、待人至信、行侠仗义的高尚品德。同时他也是中国少有的同时接受佛、道、儒三家信奉的神明之一，甚至与孔子一起被誉为中国的文武二圣。

而且关羽以忠义著称，由于他为人刚直，做事果断，还被百姓赋予了治病消灾、镇宅避邪、庇护商贾和招财进宝等诸多能力，被后世誉为武财神。

每年农历正月初五，信奉关帝的商家富户都要为关老爷供上牲畜，燃放爆竹，烧香磕头，祈求他保佑来年生意兴隆，财运亨通。

除了财神殿，还有祭祀斗姆以及北斗星君的配殿。

斗姆殿内供奉的是斗姆元君，即北斗众星之母，全称为"九灵太妙白玉龟台夜光金精祖母元君"，也称斗姆、斗姥。

在道教经典《太上老君玄灵斗姆大圣元君本命延生心经》中有记载，说斗姆擅长医药诊疗、精通阴阳五行，有消灾避邪、护佑胎育等诸多神职。

斗姆造像较为特别，有4个头，每个头上有3只眼睛，还有8只胳膊，并且每只胳膊上各执着法器。慈祥中不失威严，民间信众颇多。

每逢斗姆诞辰、喜庆节日，各地斗姆祠、元辰殿多举办祈福延寿法会道场，祈求斗姆元君保佑健康长寿，子嗣平安。

在天后宫配殿元辰殿当中，还供奉有太岁，分别以我国古代60位文官、武将命名，如甲子太岁金辫大将军、乙丑太岁陈材大将军等。

太岁即岁神，主管人间吉凶祸福，依六十甲子轮流值岁，当年轮值之岁神称为值年太岁。每个人都有自己的本命太岁，即本人出生当年的值年太岁。

北方地区有农历正月拜太岁的习俗，天后宫每年腊月二十三都举行"春祭拜"大典，就是请出本年的值年太岁，祈求太岁神驱走过去一年的霉运和苦难，祈盼来年万事顺利，平安如意。

知识点滴

配殿供奉的众神及其传说

天后宫配殿当中除了有崇拜范围较广的神灵外，还有供奉天津本地民间信仰的配殿，如王三奶奶殿、泰山娘娘殿等。

王三奶奶殿的主要神灵有王三奶奶、白老太太、挑水哥哥等。

关于王三奶奶，民间有着几种不同的说法。有人说她是河北三河人，逃荒来到天津做佣人。自幼受到父亲熏陶，经常利用拔罐、刮痧和推拿等一些土办法为穷人治病，受到邻居们的好评与称赞。

还有人说，王三奶奶是天津津

南人，从小敬神拜佛又精通巫术，长大后以顶仙、跳神为业。一次她来到天后宫烧香，自从入庙就再也没有出去过，有人说在天后宫的藏经阁的佛龛内看到了王三奶奶，说她是成仙成佛了。

另外还有传说，王三奶奶每年都要去往京西妙峰山进香，并在途中设立若干个"茶摊"供朝拜者解渴纳凉。在一次登上妙峰山的途中，王三奶奶却不幸跌入山崖，丢了性命。

王三奶奶在天津的信众非常多，她乐于助人、扶危济贫和乐善好施的良好品格更是让津门百姓传承百年。天津百姓有了疾病都来求她保佑，并传着谚语：

摸摸王三奶奶的手，百病全没有。
摸摸王三奶奶的脚，百病全都消。

天津有歇后语：王三奶奶的匾，有求必应。通过这些俗语可见王三奶奶早已在天津深入人心了！

关于白老太太，有人说她是五大家仙之一的白仙。还有人说她曾是早年间天津民间的一位医者，尤以治疗眼病见长，深受百姓爱戴。

最后一个是挑水哥哥。传说，挑水哥哥姓白，原本是早年间在天后宫附近挑担送水的水夫。他不仅精通巫术，而且他挑来的水还能够浇灭天花，确保孩子们能够健康成长。

天花疾病具有传染性强、传播速度快的特点，患者轻则发热起疹，重则危及生命。当时医疗水平有限，所以百姓们都会来到天后宫祈求挑水哥哥帮忙，浇灭天花，驱走疾病。

泰山娘娘殿的神灵有泰山娘娘、河伯、雷公、马王爷、文昌与魁星、张仙爷、土地爷。

泰山娘娘，就是碧霞元君。据说她是东岳大帝的女儿，掌管群山的安危，同时也肩负着保护山矿开采者生命安全的重任。

泰山娘娘的信仰最早可追溯到宋元时期，在明清两代较为兴盛。传说，泰山娘娘有庇护众生、扶危济困，拥有消灾祛疾、赐子佑婴的神力。每年农历四月二十八泰山娘娘华诞，各地信众都要举行盛大的庆寿活动，以此来酬谢泰山娘娘的灵应九州岛，恩泽四海。

水神和河神崇拜一直都深入人心，是最受百姓尊重的神明之一。据说河神长得很漂亮是个少见的美男子，人面鱼身宛如西方美丽的美人鱼。

河神又称河伯，民间传说确有其人。他原名冯夷，为人心直口快、性情刚直、乐于助人，平日靠打渔为生。但天有不测风云，有一次他在下河救人的时候不幸身亡了。

因为他生前做了很多好事，于是天庭将他封为了河神，治理河道，保佑人们安居乐业。

其实河神崇拜还有一个原因，就是在我国历史上，百姓一直遭受到河水泛滥、改道等灾难的侵害，所以希望通过奉祀河神获得平安。

另外，我国是一个十分重视河道的国家，修建郑国渠、开凿京杭大运河等水利设施历来就是国家头等大事，以至于朝廷历时几代人去修缮。

并且水乃生命之源，与百姓生活息息相关，而河伯作为掌管河水的神，地位就尤显重要。因此，奉祀河伯便成为了老百姓生活中的一部分，尤其是那些靠河捕捞为业的人们，对河伯更是充满着敬畏和感激之情。

雷公也是天后宫配殿祭祀的神灵之一，自古以来专供雷公、电母的庙宇并不多见，他们一般都是借庙而居、依祠而安。

对于雷公的崇拜最早可以追溯到战国时期，在《山海经》《大荒东经》中均对雷公有记载。据传雷公是一位大力士，袒胸露怀，后背长着一双翅膀，一副威风八面的样子。他能预知天气变化，司职响雷，在民间神话中经常与电母成双出现。

唐宋文人的笔记中，有很多关于大雷雨后，雷神从空而降、霹打不孝子和不法商人等故事。这些故事都反映出人们对雷神既存有敬畏心理，又寄托主持正义的愿望。

在配殿中供奉的还有马王爷。相传，马王爷，全称"灵官马元帅"。本是如来佛身边的侍从，后来玉皇大帝派遣他去掌管天宫中的马匹。

民间传说，马王爷是一名三目四臂全副盔甲的武将，他经常驾驭天马行走于天宫之中查看人间善恶，造福于众生。

对于文昌与魁星，我国自古就有读书人祈文昌、求魁星之说，道教体系更是赋予二者助学业、促前程的神力。文昌星俗称文曲星，源于古代星辰崇拜。道家认为他是主宰文人墨客功名利禄之神，广受民间推崇。

魁星的职能与文昌相似。"奎"是天文学中二十八星宿之一，道学认为奎主文章。而奎与魁谐音，魁又有魁首之意，预示学子们都能在考试中一举夺魁。民间俗谚说：魁星点斗独占鳌头。

还有张仙爷，民间传说，张仙爷本是五代后蜀皇帝孟昶。

孟昶由于兵败宋太祖赵匡胤，不但把江山社稷拱手相让，就连与他朝夕相处的妃子——花蕊夫人也被掳去献给了宋太祖赵匡胤。

但是花蕊夫人不仅没有贪图皇宫内的富贵荣华，时刻不忘旧主，甚至请来宫中的画匠根据自己的描述绘制了一幅孟昶的画像悬于寝宫之内，表示对前朝君王的忠心。

后来不慎被赵匡胤发现，在情急之下她说此人是送子护幼的张仙爷，供奉他可以确保皇宫内人丁兴旺、子嗣平安。后来，后宫嫔妃们便纷纷效仿，以至在民间盛行。

寺庙中供奉的张仙爷多为硬身像，面庞粉白，衣着华丽，左手持弓，右手夹弹。做弯弓射箭状，善用弹弓驱赶天狗及灾星，威猛中不失慈祥。而弹与诞谐音，暗喻早生贵子，平安吉祥，深受世人的喜爱。

后来，人们又请他做小孩的保护神。于是，有的画像中，张仙爷不仅身负弹弓，而且旁边还有5个天真活泼的小孩，以喻"五子登科"之意。

昔日年关，主妇们在天后宫前请上一幅张仙爷的神像，回家后供在佛龛里。准备好香烛、蜡扦及酬神所用的鲜果糕点。

据说，是为了避免下界的天狗进入屋内吓到熟睡中的孩童，从一个侧面反映了长辈对子孙平安、家庭美满的迫切愿望。

对土地爷的供奉源于古代的"社神"，是管理一小块地面的神。土地爷神位不高但法力非凡，他也是最贴近百姓生活的神之一，民间信众颇多。

在一般民间的信仰中，神明多半会有明确的出身，但土地神的出处却有很多。其中一个传说，说在周朝一位官吏张福德，自小聪颖至孝，36岁时，官至朝廷总税官，为官廉正，勤政爱民，去世时102岁。

有一贫户因为受到过张福德的帮助，所以用4块大石围成了一个石屋来奉祀他。不久之后，这个贫户就由贫转富了。

百姓认为是张福德保佑赐予了财富，就合资建庙并塑金身膜拜他，并取其名而尊为"福德正神"，后来生意人经常祭祀他，以求生意发展。

除此之外，土地爷还兼有安葬亡灵的职责。旧时有些地方，生下孩子的第一件事是提着酒到土地庙"报户口"。死了人的第一件事是死者在下葬之前，家属要到土地庙"报丧"。在民间传说中，死去的鬼魂要由土地神送往城隍。

同时，在古代劳动人民心中，土地是他们赖以生存的地方，是土地生长出五谷，养育了他们，所以人民才会格外重视祭祀土地。

土地神崇拜的兴盛是由明代开始的。在明代，土地庙特别多，百姓们也格外尊重土地神，其实这与明太祖朱元璋有关系。

在明人笔记《琅琊漫抄》中记载说，朱元璋就是生于土地庙。因此，在明代，小小的土地庙备受崇敬。而天津在明代是政

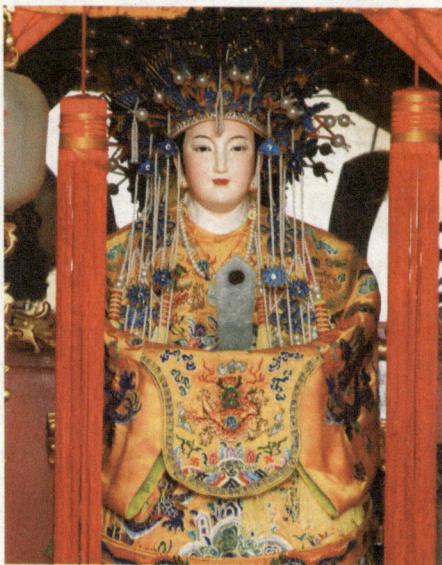

治经济的大动脉，所以天后宫里供奉土地神也是在情理之中的事情。

在天后宫配殿中比较有名的还有启圣祠。启圣祠是供奉天后娘娘父母的殿宇。妈祖林默有着显赫的家世，家族中有9人先后在福建担任刺史，故有九牧林氏之称。

父亲林愿在福建任都巡检，母亲王氏整日礼佛极为虔诚，夫妇二人每日行善积德，从不计较个人得失，赢得了邻里的好评。

古人云："百善孝为先"，尊崇孝道是中华民族的性，并且孝悌文化是中华思想道德体系的基础，也是中华民族传统美德中最为核心的价值取向，所以建造了启圣祠。

知识点滴

有一个关于妈祖配殿土地神的传说，说周朝上大夫的家里有一名仆人名叫张福德。他的主人赴远地就官了，留下了家中的幼女。

后来，张福德带着主人的幼女去寻找他的父亲，路途中不幸遇到暴风雪，张福德就把自己的衣服给了主人的女儿，他最终冻死在途中。

张福德临终时，空中出现"南天门大仙福德正神"9字，后来张福德的主人知道了这件事，因感念他的忠诚，就为他建造了庙宇奉祀。

饱含美好祈愿的求子风俗

在天后宫正殿的神龛里，天后圣母慈眉善目，仪态端祥，凤冠霞帔。她的左右立着四彩衣侍女，其中两个侍女手执长柄扇遮护天后，另外两个侍女一个捧宝瓶，一个捧印绶。

在神像前的供桌上，则摆满了香客们供奉的贡品。在天后的祭祀崇拜中，船户们在出海之前往往将船做成模型奉送给天后，希望妈祖保佑他们出海平安。

　　在神像的上方悬挂着3块匾额，中间一块写着"垂佑瀛壖"，意思是希望妈祖能赐福沿海。两旁分别写着"盛德在水"和"万里波平"，意思都是歌颂妈祖的圣德。

　　在正殿的墙壁上还有一块引人注目的匾额，上面写着"四海同光"。这是台湾北港朝天宫赠给天津天后宫留念的匾额。

　　除此以外，老天津人还有在天后宫求子的习俗，过去夫妇婚后无子，会到天后宫祭拜后用红线拴一个泥娃娃回家供奉，称为"娃娃大哥"，就是长子，日后即使生下长子也要排行老二。

　　并且"娃娃大哥"每年还要拿去"洗澡"，寓意每年长大一点，这也是老天津的民间信仰之一。以"拴娃娃"作为求子习俗，历史上早就已经出现了。是以女娲"抟黄土造人"为基础，又经过民间的一步步演变，所以形成了拴娃娃这个求子习俗。

　　天津的拴娃娃虽然受多元文化影响，历史上也供奉诸如观音、碧霞元君、王母娘娘等孕育之神，但更多的妇女则以天后娘娘作为司孕育的主神供奉。清周楚良的《津门竹枝词》说：

儿女欢欣晒岁除，娘娘宫里众纷如……十方弟子为祈儿……

娘娘次号送生神，哄得孩儿降世尘，转面狰狞相恐吓，防他依恋不离身。

因此在天后宫，不但子孙娘娘和送生娘娘成为了天后娘娘麾下协助天后娘娘的配祀神灵了，而且主殿所设观音神龛或是"观音堂"，也都以陪祀的地位存在。由此可见天后娘娘在妇女们的心目中已代表了其余诸神，其地位之崇高，可想而知。

每逢初一和十五的开庙之际，那些婚后未育的妇女们，便会蜂拥而至，向天后娘娘焚香膜拜后，用红线拴走子孙娘娘像前的一个小泥娃娃，口中念念有词："好孩子，跟妈妈回家。"

有的妇女在拴一个泥娃娃之后，仍嫌不足，趁着道士不注意，偷偷又拿走一个，揣进怀里。这正应了天津的另一个习俗——偷娃娃。

但是无论是拴娃娃也好，偷娃娃也罢，那些妇女一旦生育，便认为是天后娘娘赐予的，在婴儿百日之内，要到天后宫还愿。还愿的时候除焚香礼拜外，还要送回99个小泥娃娃，放在子孙娘娘像前，供其他妇女再去拴或偷。

　　妇女"拴娃娃"之后，仍未生育，怎么办呢？聪明的天津人又兴起了一个新的行当，就是"洗娃娃"。妇女从天后宫拴来娃娃，仍未生育，但这泥娃娃也是天后娘娘赐予的，进了家门就如亲生一般，称为娃娃大哥。

　　"孩子"要年年长大，因此每年要把娃娃大哥送到娃娃铺去"洗"一次，也就是再换个大一点的。在清末，天津娃娃铺几乎都集中在天后宫以南的袜子胡同一带，有四家最著名的塑像店，即墨稼斋马家、凤鸣斋张家、纯古斋周家和笔耕斋刘家。

　　几家店铺所塑娃娃均呈坐姿，胳臂屈伸，两掌朝上，但面部的塑画却见功夫。一般面部塑造都采用面模翻制工艺，点活眉眼，再施以彩画。

　　娃娃分为两大类。一类是席地而坐呈坐姿的，从五寸开始，最大为一尺二寸。久婚未育的妇女，从天后宫拴来娃娃后，每年送来"洗"一次，娃娃变大一寸，如果日后有所生养，"娃娃大哥"的辈分也不得僭越。在天津还有"娃娃大哥坐炕头，老大吃喝不用愁"的说法，表明娃娃大哥的独特身份。

第二类的坐像，因为变了辈分，由"娃娃大哥"而改称"娃娃大爷""娃娃太爷""娃娃大太爷"等。

端坐在太师椅上，身穿蓝色大袍，黑色马褂，黑鞋白袜，头戴红疙瘩黑帽儿。先是黑胡，随年龄和辈分变大，而改白胡。

天后宫的"拴娃娃"和"洗娃娃"，旧时直接关系着生活在最底层的妇女命运，尤其为久婚未育的妇女带来希望和勇气。

在当时的历史条件下，为稳定婚姻、家庭起到一些积极作用。天津的"洗娃娃"因其具有浓郁的地方特色和艺术风格，故又被冠以"天津娃娃"之美称，在妈祖文化中占有一席之地。

知识点滴

妈祖庙拴娃娃的习俗，来源于女娲造人的古老传说。

传说开天辟地以后，大神女娲行走在莽莽的原野上，感到非常孤独。她觉得在这天地之间，应该添一点什么东西进去，让它生气蓬勃起来才好。

于是，她就拿起一团黄泥，掺和了水，在手里揉着。不一会，她就揉成了一个娃娃模样的小东西。她把这个小泥人放到地面上，没想到刚一接触地面，小泥人就活了起来，开口就喊："妈妈！"

后来妈祖成为司孕育的女神，人们为了向妈祖求得孩子，便也仿造女娲所造的小泥人，放在妈祖脚边，再从妈祖脚边用红线拴走，代表孩子跟自己回家了。

不断丰富的天后宫文化

　　初期海员们会在天后宫祭祀海神天后，举办酬神演出和聚会，并且水工、船夫和官员在出海或漕粮到达时，也都向天后祈福求安。

　　后来，居家百姓没钱的也来求财，没子的求子，有病的祈免病灾。这不仅表明古人对无法克服海洋、江河险难而求助神灵的迫切心理，也反映了苦难民众的古朴文化心态，即借助天后凝聚和抚慰着众人心。

每逢天后诞辰日，天后宫都要举行"天后出巡散福"皇会表演。这时候，百戏云集、万人空巷。元代张翥有首诗《代祀天妃角次直沽作》描写了朝廷官员身着宫袍祭祀妈祖的盛况：

> 晓日三汊口，连樯集万艘。
> 普天均雨露，大海静波涛。
> 入庙灵风肃，焚香瑞气高。
> 使臣三奠毕，喜色满宫袍。

元代朝廷封了天妃，又派官员代祀，可见上层人对天后娘娘的尊重。后来，祭祀的人更加多了起来，其中最多的是船户，清人汪沆

《津门杂事诗》中说：

> 天后宫前舶贾船，相呼郎罢祷神筵。

清人蒋诗在《沽河杂吟》中写道：

> 刘家巷里如云舶，部祷灵慈天后宫。

他们描写的都是江海船工祭祀天后的热闹情景。农民也来给天后娘娘进香。

后来到了清代，天津天后宫的香火依然繁盛，有清人崔旭所作的《津门百吟》中就总结了百姓们奉祀天后的情形。诗道：

> 飞翻海上着朱衣，天后加封古所稀。
> 六百年来垂庙貌，海津元代祀天妃。

天津天后宫建立后，一直香火很盛。船户来往必定祭祀，远近百姓多来祈福，热闹非凡。这首诗就概括了多年来从朝廷到民间敬奉天后的历史。

随着时代的发展，天后宫渐渐成为了天津民俗文化的发祥地和天津城市发展的历史见证，"先有天后宫，后有天津卫"是对天津天后宫历史地位通俗而生动的概括。

后来天津天后宫被辟为天津市民俗博物馆。每两年都会举办"中国·天津妈祖文化旅游节"，那时台湾、香港、澳门及海内外宾朋近千人云集天后宫。

天津著名画家蔡长奎先生在天后宫的主殿描绘了一幅壁画，被称为"天后圣迹图"。这幅壁画在正殿的南北两墙上，长将近14米，宽将近3米，这幅壁画是首次以天后生平传说为内容而绘制的壁画，非常宝贵。

该壁画第一卷为"天后降生至升天得道"的故事，第二卷是"钱塘阻潮至敕封天后"的故事，该壁画内容磅礴多姿，以传统壁画艺术为主，把天上、地下、大海、人、神有机地结合在一起，使视觉空间广阔，再现了"海神"灵迹。

壁画共描述了天后故事，人物近300余个，造像生动，线条流畅，色彩典雅又带华丽，给人以强烈的视觉冲击，达到教人、育人的目的，也更加增添了天后宫的文化内涵。

在天后圣母诞辰1052周年期间，天津天后宫特别将供奉天后娘娘林默父母的神殿启圣祠，装饰一新，并在殿旁两侧树立起了"二十四孝"图。

知识点滴

在清代，每逢天后的诞辰，天津的民间便会举行法鼓会、大乐会、鹤龄会、重阁会、中幡会和高跷会等活动，为天后庆祝生日，场面非常热闹，人们称之为"娘娘会"。

有一次乾隆帝乘船下江南路过天津，提出要看"娘娘会"。当时，乾隆皇帝的船停泊在三岔口，沿街表演的各种技艺从船前经过，精彩纷呈，乾隆皇帝非常高兴。

其中，乾隆皇帝格外喜欢法鼓会和鹤龄会的表演，于是赏给4名鼓手各一件黄马褂，给4名鹤童各一个金项圈。

另外，乾隆皇帝还对"娘娘会"的组织安排大加称赞，赏给"娘娘会"的组织人员两面龙旗。从此以后"娘娘会"便易名为"皇会"了。